Springfeld | Geld. 100 Seiten

*** Reclam 100 Seiten ***

UWE SPRINGFELD, geb. 1956, berichtet seit über 30 Jahren aus der Wirtschaft und den Naturwissenschaften. Für seine Podcasts (u. a. gesendet vom SWR) und Essays wurde er mehrfach ausgezeichnet.

Uwe Springfeld

Geld. 100 Seiten

Reclam

2025 Philipp Reclam jun. Verlag GmbH,
Siemensstraße 32, 71254 Ditzingen
info@reclam.de
Umschlaggestaltung: zero-media.net, München
Infografik (S. 66 f.): © Andreas Sträußl | Guter Punkt, München
Bildnachweis: vor S. 1: Christian Horz / Alamy Stock Foto;
S. 46: IMAGO/greatif; S. 81: IMAGO/Wolfilser; Autorenfoto:
© David Springfeld
Umschlagmaterial: Creative Print, Schabert
Druck und Bindung: Esser printSolutions GmbH,
Untere Sonnenstraße 5, 84030 Ergolding
Printed in Germany 2025
RECLAM ist eine eingetragene Marke
der Philipp Reclam jun. GmbH & Co. KG, Stuttgart
ISBN 978-3-15-020781-9
reclam.de

Für mehr Informationen zur 100-Seiten-Reihe:
reclam.de/100Seiten

Inhalt

Geld – alles klar?

Weingummi

Ich war müde, kaputt und satt vor Glück. Den ganzen Nachmittag hatte ich mit dem achtjährigen ukrainischen Mädchen Silwa auf dem Spielplatz im Park getobt. Ich hatte sie auf der Schaukel angeschubst, ihr auf der Seilbahn (»eins, zwei, drei«) ordentlich Schwung gegeben, sie auf dem Klettergerüst abgesichert und beim Balancieren die Hand gehalten. Zwischendurch hatte ich mit ihrer Mutter Hanna (Mitte 40, klein, drahtig, schwarzer Gürtel in Aikido) ein paar Erwachsenensätze gesprochen.

»Genau genommen ist Geld nichts als Schulden«, meinte sie. Ich nickte. Tatsächlich »schöpfen« (erzeugen) Banken Geld, indem sie vorhandene Werte mit Darlehn beleihen. Diese Schuldnerperspektive legt nahe, dass ein Leben ohne Geld möglich ist. Nämlich dann, wenn man die aus der Lutherbibel (Matthäus 6,12) bekannten Zeilen eines gebeteten Vaterunsers für alle Menschen und Institutionen wahr werden lässt: »Und vergib uns unsere Schuld, wie auch wir vergeben unseren Schuldigern.« Hat Geld mehr mit Glauben als mit rationalen Entscheidungen eines Homo oeconomicus zu tun?

Irgendwann hatte ich im *Handwörterbuch des deutschen Aberglaubens* geblättert. Es widmet dem Thema Geld drei Kapitel. Dort liest man zum Beispiel von dessen Heilkraft, als kannten die Autoren vor knapp hundert Jahren schon die heutigen IGeL-(individuelle Gesundheitsleistungs-)Arztgespräche: »Wir können zur Sicherheit noch einen Ultraschall oder einen Bluttest machen, den müssen sie aber selbst bezahlen.« Der Abschnitt erinnert auch an eine Untersuchung des Deutschen Instituts für Wirtschaftsforschung in Berlin, nach der man mit weniger Geld auf dem Konto in Deutschland früher stirbt als mit mehr Geld.

Im selben Handbuch findet sich auch die Überzeugung, Geld sei ein Erzeugnis übernatürlicher Mächte. Eine Verschwörungstheorie der frühen Neuzeit? Tatsächlich steht hinter dem modernen Geld eine Autorität, die für Verschwörungstheoretiker geheimgesellschaftlich organisiert ist und sich nach Ansicht anderer Querdenker aus Reptilien-Aliens zusammensetzt. Allerdings muss man auch zugeben, dass man sich quergedacht auf dem Weg von der Tapete bis zur Wand mental verläuft.

Die Autorität hinter dem Geld ist heute ein Staat oder Staatenbund wie die Euroländer. Deren Rechtsprechung braucht einen Maßstab, bei Vertragsstreitigkeiten den Wert des entstandenen Schadens zu bemessen. Den bietet Geld, das so betrachtet historisch auf einem Rechtsprinzip des ausgehenden Mittelalters ruht: »Pacta sunt servanda«, Verträge müssen eingehalten werden.

Deshalb antwortete ich auf Hannas Gedanken vom Geld als Schulden: »Geld ist auch ein Wertmaßstab.« Und ergänzte: Wenn Geld ein universeller Wertmaßstab sei, sollte es diese Werte auch aufbewahren. Anderenfalls taugt es kaum, nach lang andauernden Schadensersatzklagen Werte zu fixieren. Trotz Inflation hat das Geld heute noch ungefähr den Wert von gestern. Sollte die Inflation steigen oder die Institution hinter dem Geld ihre Autorität verlieren, entwickeln sich Ersatzwährungen. »Zigaretten beispielsweise«, erinnerte ich an die Zeit nach dem Zweiten Weltkrieg und schob mit der Schuhspitze eine Kippe Richtung Papierkorb.

Ich wollte gerade fortfahren, dass auf diesen beiden Eigenschaften die bekannteste des Geldes fußt, ein universelles Tauschmittel zu sein. Da hatte sich etwas hinter uns verändert. Wir drehten uns um und sahen, dass Silwa stehen geblieben war. Sie schaute auf ihre Hand, dann zu uns, dann wieder auf ihre Hand und schließlich rannte sie auf uns zu: »Guckt, was ich gefunden habe!«, rief sie. Eine silbern glänzende Ein-Euro-Münze.

Ganz ehrlich, wer redet in solchen Momenten über Essays, selbst wenn sie von Geld handeln? Wen interessieren irgendwelche Projekte? »Kann ich mir dafür eine Schokolade kaufen?«, fragte Silwa. »Reicht das? Oder Kekse? Oder –« Es war so schwierig, sich am nächsten Tag vor den grellbunten Süßigkeiten im Supermarkt zu entscheiden. Dann nahm Silwa das Allerbunteste aus dem Regal, eine Tüte saure Weingummis, und bezahlte stolz an der Kasse, ganz wie eine Erwachsene. Die Kassiererin (um die 40, Zopf, Drachentattoo auf dem Oberarm) lächelte. Ich lächelte, und das Glück wäre perfekt gewesen, wenn in diesem Augenblick meine Assoziationen nicht mit mir gedanklich spazieren gegangen wären.

Geld

Ich weiß nicht, was der Auslöser war. Vielleicht war es die Art, wie Silwa den Euro der Kassiererin rüberreichte. Jedenfalls staunte ich, dass Geld solche Momente des perfekten Glücks schaffen konnte. Woher hatte es diese Macht über Menschen? Es gibt verschiedene Theorien. Die Bekannteste ist die Tauschtheorie. Sie kommt mit dem Habitus des Praktischen daher. Ein kleinerer Discounter verkauft zwischen 1000 und 2000 verschiedene Produkte. Wollte man ihn von Geld auf Tauschhandel umstellen, würde es einerseits endlos viele Preise und noch längere Verhandlungen an der Kasse geben. »Wie viel Liter Milch bekomme ich für eine handgetischlerte Tür? Und was kriege ich für ein Paar Schuhe?« Andererseits: Braucht der Discounter aktuell Türen oder Schuhe? In einer solchen Welt verkompliziert sich auch die Verwaltung des Supermarkts. Ich wollte dort nicht die Buchhaltung machen. Ich wollte auch kein Finanzbeamter sein, der aufgrund des Tauschhandels die fälligen Steuern ermittelt. Wie sollte sie der Supermarkt bezahlen? Mit Hüttenkäse?

Die Tauschtheorie hat einen Nachteil. Um zu zeigen, wie praktisch Geld ist, setzt sie es in ähnlicher Art voraus, wie der fünfte Gottesbeweis des Scholastikers Thomas von Aquin

Gott selbst voraussetzt. »Gott und Geld existieren, weil Geld und Gott existieren.« In solcher Art logischen Kurzschlusses werden alle Alternativen (wie in der Geldfrage beispielsweise ein Tauschhandel) prinzipiell ad absurdum geführt. Von diesem Ansatz aus wird nicht argumentiert, sondern (wie man heute sagt »populistisch«) behauptet.

Eine andere Theorie kommt historisch daher. Geld bestand früher einmal aus Münzen mit Metallwert, oft Gold und Silber. Der spiegelt exakt den Wert des Geldes wider. Daraus haben sich (man muss ja sparen) das Papier- und schließlich (heute) das Geld in den Computern der Banken entwickelt. Eine dritte Theorie sagt, Geld sei nichts als Ausdruck von Schulden. Banken gäben quasi Schuldscheine als Kredit aus, wenn sich jemand beispielsweise eine kleine Wohnung kauft, vielleicht wie ich in Marseille. Hinzu kommen ungezählte Theorien aus der Soziologie, die argumentieren, dass Geld seine Bedeutung und seinen Wert aus den sozialen Normen, Konventionen und Interaktionen innerhalb einer Gesellschaft erhalte. Geld wird als ein Symbol für soziale Macht, Status und Anerkennung betrachtet.

Meine Assoziationen führten mich zu einer Geldtheorie, die die Rolle des Staates betont. Diese Theorie geht von der Autorität des Staates aus, der den Wert des Geldes garantiert und der das Geld als gesetzliches Zahlungsmittel unterstützt. Dieser Gedankengang fängt mit der Frage eines notorischen Querulanten an, ob die kleine Silwa (rein rechtlich betrachtet) selbstständig Weingummi für ihren Euro kaufen darf. Was wäre, wenn ich mich auf Eskalationsstufe eins (Silwa hatte inzwischen die Tüte aufgerissen, war aber im letzten Moment von ihrer Mutter daran gehindert worden, sich eine Handvoll von dem Zeug in den Mund zu stopfen) vor der Kassiererin aufgebaut und verlangt hätte, die Weingummis sofort zurückzunehmen? Weil Silwa als Schulkind noch nicht geschäftsfähig war und wenn ein Kaufvertrag zwischen ihr und dem Supermarkt überhaupt bestanden hätte, er hiermit sofort (Eskalationsstufe zwei: »Sofort!«) zu widerrufen sei. Oder hätte sich die Kassiererin auf eine Verabredung zwischen uns berufen können (»auf Ehrenwort aus dem Regal genommen und bezahlt«)?

Der Unterschied zwischen einem Vertrag und einer Verabredung liegt auf der Hand. Bei einer Verabredung verlassen sich die Parteien darauf, dass ein einmal gegebenes Wort eingehalten wird. Dass also weder ein überängstlicher Erwachsener (Eskalationsstufe drei: »Sie nehmen sofort ihr überzuckertes Giftzeug mit den Zusatzstoffen aus der Massentierhaltung zurück, sonst gibt's solchen Ärger, den werden Sie nie vergessen!«) plötzlich den Kauf rückgängig machen will, noch dass eine übereifrige Kassiererin einem allein einkaufenden Kind (»Das kostet das Doppelte ...«, Ohrfeige links, Ohrfeige rechts, »... und du zahlst jetzt!«) genauso plötzlich alles Geld aus der Tasche zieht.

Bei einer Verabredung gilt das Faustrecht, das Recht des Stärkeren. Bei einem Vertrag greift das Zivilrecht. Das bedeutet, dass bei einem Vertrag nicht nur die Vertragspartner beteiligt sind, sondern immer auch eine außenstehende Garantiemacht, die quasi als Schiedsrichter die Einhaltung des Vertrags gewährleistet. Konkret: Silwa als Kundin, der Supermarkt als Lieferant und der Staat mit den Gesetzen des Zivilrechts nach dem Bürgerlichen Gesetzbuch. Sollte ich – sofern tatsächlich ein formloser Vertrag zwischen Silwa und dem Supermarkt bestand – mich tatsächlich vor der Kassiererin aufbauen, würde nicht das Faustrecht, sondern letztlich der Staat mit seiner

Institution des Zivilgerichts entscheiden. War der formlose Kaufvertrag zwischen einem Mädchen und einer international agierenden Discounterkette gültig?

Sollte tatsächlich ein gültiger Vertrag bestehen, hätten es Reklamationen der beschriebenen Art schwer. Grundlage des Urteils ist der bereits erwähnte Rechtsgrundsatz »Pacta sunt servanda«. Wie viele der heutigen Rechtsgrundsätze geht auch dieser auf das römische Recht zurück. Konkret auf einen Beschluss des karthagischen Konzils 345–348. Inhaltlich belegen lässt sich die Formel erstmals im *Liber Extra*, einer Sammlung von Dekreten, die Raimund von Peñafort 1234 für Papst Gregor IX. anlegte und den Universitäten von Bologna und Paris – also den Geburtsorten der Rechtswissenschaft und der Scholastik – zusandte. Zuerst sollte diese Regel Taufpaten davon abhalten, ihren Patenkindern gegenüber wortbrüchig zu werden. Später zog sie ins Geschäftsleben ein, unter anderem um zu verhindern, dass ein übereifriger Geschäftspartner im Supermarkt mit den Worten »Willst du das Mädchen vergiften?« vom Kaufvertrag zurücktreten kann.

Im Verlauf des Verfahrens kämen auch die entstandenen Schäden zur Sprache. Anwaltskosten hier und dort, Arbeitsstunden der Kassiererin, Schmerzensgeld wegen verdorbenem Magen und so weiter. Deren Werte müssen nachvollziehbar gemessen werden. Die Institution, die die Einhaltung von Verträgen garantiert (der Staat), muss gleichzeitig einen Maßstab anbieten. Dieser Maßstab muss den Schaden bemessen, der durch den Vertragsbruch entstanden ist. Dafür schaut man, man ahnt es schon, auf das Geld wie zum Beispiel Silwas Euro. Erst dadurch, dass eine Garantiemacht für die Einhaltung von Verträgen einen Wertmaßstab kreiert und verbindlich einführt, kann man Werte wie »Arbeitsstunde einer Kassiererin«

mit dem einer aufgerissenen Tüte Weingummis vergleichen. Ohne Geld lassen sich solche Schäden kaum beziffern. Deshalb kann man die Rechtsauffassung »Pacta sunt servanda« als Grundlage des Geldes betrachten. Ohne die Verpflichtung, Verträge einzuhalten, und ohne eine dahinterstehende Garantiemacht, die für ihre Institutionen Werte bemessen muss und deshalb einen Wertmaßstab zur Verfügung stellt, ist Geld in der heutigen Form undenkbar.

Werte unabhängig von konkreten Gütern und Dienstleistungen messbar zu machen, ist die erste Funktion des Geldes. Der Rest folgt aus der täglichen Praxis im Umgang mit diesem Wertmaßstab. Wenn das Messen von Werten irgendeinen Sinn haben soll, darf sich der Maßstab nur minimal verändern. Mit anderen Worten: Geld muss die Werte aufbewahren, gewissermaßen über die Zeit einfrieren. Das ist die zweite Funktion des Geldes. Silwa muss ihr Geld nicht sofort in Weingummis umwandeln, sondern erst, wenn sie es will. Das setzt allerdings eine dritte Funktion des Geldes voraus. Geld muss transportabel sein. Eine Münze, wie die 2017 aus dem Berliner Bode-Museum gestohlene Goldmünze »Big Maple Leaf« (deutsch: Großes Ahornblatt) im Wert von umgerechnet etwa vier Millionen Euro bei einem Gewicht von 100 Kilogramm (3215 Feinunzen) bleibt eine Ausnahme. Als Viertes muss ein Gegenüber das Geld auch annehmen. Silwa wird an der Supermarktkasse nicht plötzlich mit der Forderung konfrontiert, ihre Schulden für die Tüte saurer Weingummis mit anderen Tauschgütern als Geld zu begleichen. Geld, so die fünfte Eigenschaft, ist ein universelles Tauschmittel, das Silwa, nebenbei gesagt, auch bis zu einem kleinen Betrag eigenverantwortlich ausgeben darf. Dafür sorgt das Bürgerliche Gesetzbuch mit dem Taschengeldparagraphen (§ 110). Die Idee, an der Kasse zu protestieren, war blöd. Außerdem: Wer will es sich durch unnötigen Krawall mit einem Mädchen wie Silwa verderben?

Welchen Schatz Silwa für ihren Euro erworben hatte, zeigte sich, als wir mit der Tüte Weingummis zu Hannas Familie nach Hause kamen. Silwas Bruder Tima schaute sogar vom Computerspiel hoch, als sie ihm die Süßigkeiten vor die Nase hielt: »Guck mal. Willste welche?« Tima nickte, aber Silwa lachte ihn aus: »Nee, sind alle meine.« Tima ließ nicht locker: »Eines.« – »Nee. Meins«, sagte Silwa, holte einen der Weingummis aus der Tüte und hielt ihn mit spitzen Fingern in die Luft. Ausgerechnet einen Schnuller. »Mhmmm!« Tima versuchte sich das Stück zu schnappen. Silwa war schneller: »Meins!«, rief sie und steckte sich das Stück in den Mund.

Für nichts in der Welt hätte Silwa die Kontrolle über ihre Weingummis abgegeben, obwohl ihre Macht, nüchtern durch die Augen eines Ökonomen betrachtet, nur das wert war, was sie dafür bezahlt hatte. Einen Euro. Ohne das gefundene Geld hätte sich Silwa die Weingummis nie kaufen und ohne die Weingummis hätte sie nicht diese Aufmerksamkeit und Anerkennung der Familie erlangt. Weil der Euro ganz am Anfang der Ereigniskette stand, so die Logik der Wirtschaftswissenschaften (die mich selbst aber zweifeln ließ), war Silwas Ein-Euro-Münze die ökonomische Grundlage aller Aufmerksamkeit.

Auch mit einer daraus resultierenden Eigenschaft des Geldes hatte ich meine Probleme. Über die von Anbietern und Kunden ausgehandelten Preise, Ökonomen sprechen vom Warenwert, kann man die Werte ganz verschiedener Dinge vergleichen. Drei Tüten Weingummi aus dem Discounter waren 2025 weniger wert als ein Nahverkehrsticket in Berlin, 58 von ihnen entsprechen im selben Jahr dem monatlichen Preis für ein Deutschlandticket. Für 60 bis 120 Tüten bezahlt man so

Geschichte des Geldes

Warengeldtheorie

Geld entstand aus dem Tauschhandel? Menschen haben Waren von Wert wie Muscheln, Salz oder Metalle verwendet. Solche Waren erfüllten bestimmte Anforderungen wie z. B. Haltbarkeit, Teilbarkeit und die Fähigkeit, sie zu transportieren.

Staatliche Theorie des Geldes

Schuf eine Autorität wie (heute) der Staat das Geld? Sie gibt es aus und akzeptiert ausschließlich Geld, beispielsweise als Steuerzahlung. Darüber erhält Geld seinen Wert.

Kreditgeldtheorie

Entstand Geld durch Kredit- und Schuldbeziehungen, die vor der Einführung beispielsweise von Münzen bestanden? Schuldscheine, die die Verpflichtung zur Rückzahlung einer Schuld repräsentieren, sollen als erste Version des Geldes verwendet worden sein.

Theorie des Geldes als soziale Konstruktion

Entstand Geld durch soziale Übereinkünfte und kollektives Vertrauen? Weder Materialwert noch staatliche Macht machen Geld wertvoll, sondern die Akzeptanz von Geld in der Gesellschaft.

viel wie für eine Hose, vielleicht im Sonderangebot. Das Geld für 15 000 Tüten reicht für ein gebrauchtes Auto. Das Kapital, für das man einen 20-Fuß-Standardcontainer mit Weingummi füllen könnte, würde gegen Ende der Billigzinsphase (geschätzt) auch für eine Zwei-, vielleicht sogar eine Dreizimmerwohnung in Marseille reichen.

Über den Warenwert lässt sich auch der Wert des eigenen Lebens während der Arbeit oder (das US-amerikanische wie das deutsche Verkehrsministerium stellten tatsächlich solche Rechnungen an) der Wert eines im Straßenverkehr tödlich Verunglückten mit der Lebenszeit vergleichen, die man braucht, um einen Euro vom Parkweg aufzuheben. Als Silwa das Geldstück sah, erkannte, sich entschied, es aufzuheben, und es dann tatsächlich aufhob, mögen 20 Sekunden vergangen sein. In der Sprache der Wirtschaftswissenschaften formuliert: Diese 20 Sekunden ihres Lebens investierte Silwa in einen Euro. In derselben Lebenszeit verdiente 2021 ein Lehrer in Deutschland mit ganzer Stelle und dem Durchschnittsgehalt von 50 000 Euro pro Jahr etwa drei Cent. Schaut man hingegen nur auf die Arbeitszeit und legt eine 40-Stunden Woche zu Grunde (durchschnittlich ca. 1640 Arbeitsstunden pro Jahr), verdient er in 20 Sekunden knapp 17 Cent. Silwas Kurzzeitverdienst – über 5,9-mal so hoch – übersteigt sogar das Gehalt eines Leiters der kommunalen Energie- und Wasserversorgung (außer, wie der Rechnungshof rügte, in Berlin) zwischen 167 000 und 190 000 Euro sehr deutlich. Ein Mitglied eines DAX-Konzern-Vorstandes mit Durchschnittsvergütung von 6,1 Millionen Euro im Jahr bekommt für 20 Sekunden seiner Lebenszeit etwa 3,87 Euro.

Dieses Vorstandsmitglied steigt aus seinem Dienstwagen aus, vielleicht in Gedanken – zum Beispiel: Wie kann man die geplante Auslandsinvestition in eine Produktionsstätte für Artilleriemunition am besten stemmen? –, und nickt automatisch dem Pförtner zu. Dann fährt er in die Chefetage hoch und hält dort das Morgenbriefing mit der Sekretärin ab: »Was steht heute im Kalender?« Zum Schluss wird er noch persönlich: »Hier sind Wischspuren auf meinem Schreibtisch. Ist doch ekelig. Bitte Memo an die Haustechnik.« Nun blättert er erste Papiere zu eben dieser neuen Produktionsstätte kurz durch. In diesen geschätzten 30 Minuten hat er ungefähr den monatlichen Lohn der Putzkraft verdient, die als Minijobberin die Wischspuren auf dem Tisch beseitigt.

Geld als universeller Wertmaßstab

Während Silwa mit ihren Weingummis weiter ihre Familie neckte (»Meins! Meins! Meins! – Na gut, eins!« Und Hanna: »Gibst du Mama auch eines?«), dachte ich an einen Satz, den man in allen einschlägigen Wirtschaftslexika findet: Geld ist ein universeller Wertmaßstab. Kann man den Wertmaßstab »Euro« genauso in US-Dollar, Rubel, Renminbi Yuan oder libanesische Pfund umrechnen, wie man einen Inch in Meter (ein Inch = 0,0254 Meter) oder in die Elle des Städtchens Gotha in Thüringen umrechnet? Festgelegt auf Basis des Bundesgesetzes zur Maß- und Gewichtsordnung für den Norddeutschen Bund vom 17. August 1868 betrug sie 0,56265 Meter.

Am globalen Finanzmarkt verschiebt die unterschiedlich hohe Inflation die Werte in Bruchteilen von Sekunden. Als Endkunde bekommt man nicht nur von Tag zu Tag verschiedene Kurse, sondern auch von Wechselstube zu Wechselstube (sofern es sie noch gibt). Zwar werden Durchschnittskurse publiziert, aber einen echten Wertmaßstab über den einzelnen Währungsraum hinaus gibt es kaum.

Um die Werte der Währungen untereinander nachzumessen, hatte die Volkswirtin Pamela Woodall 1986 eine simple

Methode entwickelt. Woodall arbeitete damals als Korrespondentin für die Zeitschrift *The Economist* und war permanent damit beschäftigt, komplexe ökonomische Fragen für den Alltag fassbar zu machen. Dabei war ihr aufgefallen, dass man in fast jedem Staat der Erde einen »Big Mac« kaufen konnte. Nun besagt ein ökonomischer Grundsatz, dass für ein und dasselbe Gut in zwei Ländern kein Preisunterschied besteht, solange ihn ein perfekter Markt regelt. Unter dieser Annahme kostet der »Big Mac« also überall auf der Welt dasselbe. Es wird lediglich in unterschiedlichen Währungen bezahlt. Im Alltag schüttelt man über diesen Gedanken den Kopf. »Big Mac«-Preise in Berlin, Marseille, Kiew, New York, Recife (Brasilien), Moskau und Nanjing (China) sind ein interessantes Partythema weitgereister Menschen. Doch nur, wenn man das Geld als Wertmaßstab für einen Fleischklops im Weichbrötchen nimmt. Diesen Gedanken kann man aber auch umdrehen. Man kann den »Big Mac« auch als Wertmaßstab für das Geld in der jeweiligen Währung betrachten, in der man ihn bezahlt.

Pamela Wodall nahm den »Big Mac« als Maßstab, der den Wert des jeweiligen Geldes bemaß, das man für das Fettfleisch in verschiedenen Ländern bezahlte. Wenn der »Big Mac« laut Theorie überall dasselbe kosten sollte, sollte sich die jeweilige Menge der gezahlten US-Dollar, Euro, Renminbi, Rubel und südafrikanischer Rand jeweils entsprechen. Wodall hatte damit ein Instrument entwickelt, um den Wert der verschiedenen Geldwährungen untereinander zu berechnen und mit den offiziellen Wechselkursen zu vergleichen. Diesen Wertmaßstab für Geld und Währung nannte Pamela Wodall den »Big-Mac-Index«.

In den USA bezahlte man im Januar 2024 für einen »Big Mac« durchschnittlich 5,69 US-Dollar. Im Euroraum kostete der gleiche »Big Mac« 5,87 US-Dollar. Wenn diese Preise gleich sein sollten und sie lediglich in unterschiedlichen Währungen bezahlt werden, muss ein US-Dollar den Wert von 1,03 Euro haben. Bei den Banken kostete ein US-Dollar zu dieser Zeit aber nur 0,92 Euro. Schlussfolgerungen der Finanzökonomie: Wenn man dem Wert des Geldes reale Preise und alltägliche Verhaltensweisen zugrunde legt, war der US-Dollar unterbewertet.

Allerdings könnte man auch anders schließen. Zum Beispiel, dass die Kaufkraft in den USA höher ist als im Euroraum oder dass der »Big Mac« in jedem Kulturkreis anders verankert ist. Für die Menschen stellt er deshalb ein jeweils unterschiedliches Produkt (mit unterschiedlichem Preis) dar, obwohl er biochemisch betrachtet jeweils nahezu identisch sein sollte.

Es gibt aber auch eine andere »Big Mac«-Rechnung. Obwohl Ernährungswissenschaftler warnen, dass zu fettes Essen die Entstehung koronarer Herzkrankheiten fördert und letztlich die Lebenserwartung verkürzt, kann man über die Kalorienbombe auch den Wert einer Stunde Menschenleben kalkulieren, wenn man fragt: Wie lange muss man in verschiedenen Ländern für einen »Big Mac« arbeiten? Die Schweizer Großbank UBS wollte es genau wissen. In der Studie »Preise und Löhne 2015« zeigte sie, dass eine Lebensstunde in wirtschaftlich reichen Ländern (gemessen in Euro) wertvoller als eine in armen Ländern ist. In New York reichen beispielsweise durchschnittlich elf Arbeitsminuten für einen »Big Mac«, in Berlin brauchte es 13, in Paris 15 Minuten, in Rio de Janeiro etwas über eine halbe Stunde und in Nairobi knapp drei Stunden, nämlich genau 173 Minuten.

Ein paar Tage nach den Weingummierlebnissen kam ich wieder zu Besuch. Silwa rannte aus dem Wohnzimmer auf mich zu, rief »Achtung!« und sprang mir an die Brust. Ich konnte sie gerade noch auffangen. Wir lachten, ich drehte mich mit ihr im Kreis. Wir lachten noch mehr, dann schaute mich Silwa mit ihren großen, herzerweichenden Augen an: »Einen Euro?« Ich verstand sie nicht. Hatte sie noch einen gefunden? Ihr Bruder übersetzte: »Sie will einen Euro geschenkt bekommen.« Silwa hielt den Kopf schräg, klimperte mit ihren Rehaugen und ergänzte: »Bitte. Bi-hi-hitte!«

Inzwischen war auch Hanna in den Wohnungsflur gekommen. Sie erkannte meine Hilflosigkeit. Ich suchte ihren Blick und fragte wortlos: »Was soll ich machen? Hilfe, rette mich.« Hanna schüttelte unmerklich den Kopf, und ich ließ meine Hand wieder sinken, die schon Richtung Portemonnaie gewandert war.

Für Tage sollte mich nichts mehr bewegen, als Silwas Bitte abgelehnt zu haben. Ich grübelte: Ein Euro war nicht viel. Ich hätte ihr auch aus pädagogischen Gründen den Euro auf 50 Cent halbieren können, aber was sollte sie sich dafür kaufen? Dann, wiederum einige Tage später, wurde ich prinzipiell. Warum wollte überhaupt irgendjemand von jemand anderem Euro haben?

Geld hat einen Wert, ganz allgemein. Darauf beruht dessen bekannteste Eigenschaft, die des universalen Tauschmittels. Man gibt es und kann dafür alles und jedes bekommen (vulgo: kaufen), wonach einem der Sinn steht. Weingummis. Schokolade, eine Flusskreuzfahrt auf der Donau, ein Steak vom Kobe-Rind bei Kerzenschein, ein Rennrad mit Carbonrahmen. Alles ist nur eine Frage des Geldes und ob man es zur Verfügung hat. Will man es dafür ausgeben, oder soll es doch lieber eine Designerjeans, ein Smartphone oder das Wellnesswochenende sein?

Solche Wünsche hat der US-amerikanische Psychologe Abraham Maslow näher analysiert. Dabei kam ihm die Idee, die

Ohne materielle Grundlagen ist alles nichts: die Maslow'sche Bedürfnispyramide

Anforderungen der Menschen an die Welt in Form einer Pyramide darzustellen.

Manche Bedürfnisse dienen dem reinen physiologischen Überleben. An sie denkt man kaum in Zeiten von Essenslieferdiensten und Modefragen: Essen (also Grundnahrungsmittel wie zum Beispiel Brot, Kartoffeln, Reis, Nudeln), Trinken (Wasser) und Schlaf (ein Wohnraum mit Grundmöblierung). Sie bilden die Basis der Pyramide, weil ohne deren Befriedigung alles Weitere (wie der Volksmund sagt) nichts ist. Auf diesen Grundbedürfnissen bauen die der Sicherheit auf wie Arbeit, Wohnung (abschließbar) und Gesundheit. Eine weitere Schicht darüber finden sich die sozialen Bedürfnisse wie Familie, Freundschaft und Gruppenzugehörigkeit. Jetzt erst folgen Individualbedürfnisse: Vertrauen, Wertschätzung, Selbstbestätigung, Erfolg, Freiheit und Unabhängigkeit. Gekrönt wird die Pyramide von der Selbstverwirklichung. Man will seine Talente, Potenziale und Kreativität entfalten.

Nahezu alle Bedürfnisse lassen sich durch Geld befriedigen. Nur: Während man die Bedürfnisse an der Spitze der Pyramide (Kreativität, aber auch die Bedürfnisse eine Ebene tiefer wie soziale Anliegen) auch durch Eigeninitiative und eigene Aktivitäten befriedigen kann, bekommt man Probleme des rein physischen Überlebens (Nahrung, Schlaf, Sicherheit) jeweils nur gegen Geld gelöst. Allein diese Tatsache, Geld gegen Überleben, trägt dazu bei, dem Zahlungsmittel eine besondere Bedeutung zuzuschreiben. Man muss sich Geld besorgen, ohne Geld geht gar nichts. Geld ist lebenswichtig.

Gesetzliche Zahlungsmittel

Eine Menge Euro wechselt jährlich ihre Besitzer. Der, den Silwa auf dem Spaziergang vom Parkweg aufhob, und 2,65 Billionen Euro weitere, wie das Bundesamt für Statistik für das Jahr 2021 zählte. Zwei Drittel davon bezahlten Privathaushalte für ihren alltäglichen Lebensunterhalt. Also für Lebensmittel und Getränke, Wohnen, Gesundheit, Bildung, Transport, Kleidung, Haushaltswaren und Freizeit. Ein Drittel gab der deutsche Staat über den Bund, die Länder und die Kommunen aus. Etwa 850 Milliarden Euro für Bildung, Gesundheit, Sicherheit und Verteidigung, Soziales, Infrastruktur, Kultur und Freizeit, öffentlichen Verkehr, Umweltschutz sowie Forschung und Entwicklung. Rechnet man ein volles Jahr inklusive Sonn- und Feiertage, zeigt sich, dass an jedem einzelnen von ihnen in Deutschland insgesamt über 7,26 Milliarden Euro verkonsumiert werden. In den 20 Sekunden, in denen der auf dem Parkweg liegende Euro in Silwas Besitz überging, wechselten gleichzeitig mehr als 1,68 Millionen weitere Euro den Besitzer – nicht eingerechnet, was die Wirtschaft in dieser Zeit umsetzte.

Für zwei Euro, die private Haushalte für ihr alltägliches Leben ausgeben, schickt der Staat einen Euro in die Geldströme. Per Geld begleicht der Staat seine Verpflichtungen gegenüber der Bevölkerung und verlangt im Gegenzug von ihr, die Verpflichtungen ihm gegenüber ebenfalls mit Geld zu bezahlen. Auch deshalb muss die Bevölkerung Geld auftreiben. Sie verfährt untereinander ganz ähnlich: Gib Geld, dann bist du deine Verpflichtungen mir gegenüber los.

Als es noch keine Staaten im heutigen Sinn gab, war der Mechanismus identisch. Lediglich die Autorität hinter dem Geld war eine andere. Beispielsweise war in Ägypten um das Jahr 1100 vor Christus der Tempelkomplex von Karnak nahe Luxor nicht nur ein religiöses Zentrum zur Verehrung des Gottes der Fruchtbarkeit und des Windes Amun, sondern auch ein wirtschaftliches Zentrum. Zum Eigentum der Anlage zählten nicht nur Städte an der Küste und in Syrien, sondern auch große Ländereien, die von Sklaven bewirtschaftet wurden. In wirtschaftlicher Hinsicht war die Tempelanlage ein autarkes und einflussreiches Gebilde – eine als Autorität anerkannte Institution. Der Tempel nahm Getreide als scheckähnliche Überweisungen an, wie Stephen Zarlenga in seinem Buch *Der Mythos vom Geld – die Geschichte der Macht* schreibt: »So entwickelte sich mit großer Wahrscheinlichkeit Getreide zu einem Geldmittel.«

Kieselsteine und Muscheln wurden von anderen Autoritäten in verschiedenen Kulturkreisen als Geld verwendet. Zigaretten waren nach dem Zweiten Weltkrieg eine beliebte Schwarzmarktwährung. Es ist vollkommen egal, was als Geld verwendet wird. Man muss sich nur einig sein; die Autorität hinter dem Geld muss eindeutig sein. Es könnte sogar der »Big Mac« sein.

»Geld ist ein Geschöpf der Rechtsordnung«, schrieb schon 1924 der Wirtschaftshistoriker Bernhard Laum. Das Recht muss unter anderem jeden Zweifel darüber ausräumen, was als allgemeines Tauschmittel gilt und was nicht. Im Euroraum ist es nicht der US-Dollar oder der usbekische Sum, sondern der Euro. In dessen Fall gilt europäisches Recht, die EU-Verordnung 974/98: »Mit Wirkung vom jeweiligen Termin der Euro-Einführung ist die Währung der teilnehmenden Mitgliedstaaten der Euro. Die Währungseinheit ist ein Euro. Ein Euro ist in 100 Cent unterteilt.« Die Verordnung selbst musste nicht an das deutsche Recht angepasst werden. Sie trat mit ihrer Veröffentlichung in Kraft. Entsprechendes findet sich auch im Vertrag über die Arbeitsweise der Europäischen Union (konsolidierte Fassung). Zusätzlich wird hier festgelegt, wer Bargeld herausgeben darf. Keine Handelsunternehmen wie zum Beispiel die Fugger in der frühen Neuzeit, sondern: »Die von der Europäischen Zentralbank und den nationalen Zentralbanken ausgegebenen Banknoten sind die einzigen Banknoten, die in der Union als gesetzliches Zahlungsmittel gelten.«

Der Bundestag hatte sich hauptsächlich mit der Frage befasst, wie man den Übergang von der D-Mark zum Euro sauber hinbekommt. Dafür schnürte man über die Jahre zwölf einzelne Gesetzespakete, zusammengefasst unter dem Namen »Euro-Einführungsgesetz«. Sie befassten sich unter anderem mit dem Euro in der Land- und Forstwirtschaft, mit soldatenrechtlichen Vorschriften, Verbrauchssteuern und mit der Sozial- und Steuerverwaltung. In keinem von diesen Gesetzen ist der Euro als gesetzliches Zahlungsmittel erwähnt. Das findet sich im Bundesbankgesetz, Paragraph 14, Absatz eins: »Die Deutsche Bundesbank hat [...] das ausschließliche Recht, Banknoten im Geltungsbereich dieses Gesetzes auszugeben. Auf Euro lautende Banknoten sind das einzige unbeschränkte gesetzliche Zahlungsmittel.«

Münzen sind hier zwar nicht genannt, aber (juristisch problematisch) mit gemeint. Denn laut Münzgesetz, Paragraph eins, hat sich die Bundesrepublik Deutschland das Recht zur Prägung vorbehalten: »Der Bund prägt Münzen (deutsche Euro-Münzen) gemäß der Verordnung [...] über die Stückelungen und die technischen Merkmale der für den Umlauf bestimmten Euro-Münzen [...]« und so weiter. Wobei die »technischen Merkmale« gleichzeitig die Sicherheitsmerkmale sind.

Euromünzen korrodieren nicht, wenn sie längere Zeit irgendwo draußen herumliegen. Chemisch gesprochen, greifen nicht einmal die Säuren eines verrottenden Herbstbodens die silberfarbene Kupfer-Nickel-Legierung oder den goldfarbenen Messingring an. Deshalb hatte Silwas Euromünze noch geglänzt, als sie sie gefunden hatte.

Genau dasselbe bei einer Zwei-Euro Münze. Bei ihr sind lediglich die Materialien von innerer Scheibe und äußerem Umfassungsring vertauscht. Statt silber-gold- leuchtet sie von innen nach außen gold-silber-farben. Problematischer sind Münzen zwischen 10 und 50 Cent zu erkennen. Zwar oxidiert ihr Metall, wenn auch nicht stark, aber die grünliche Farbe der »nordisches Gold« genannten Legierung aus Kupfer und Aluminium verschmilzt stärker mit dem Boden. Und Münzen aus dem Centbereich, ein mit braunem Kupfer ummantelter Eisenkern, könnte man leicht für eine Verfärbung im Asphalt oder einen Kiesel halten – falls man sich überhaupt noch nach solch kleinen Werten bücken würde. In den Niederlanden sind sie vollkommen aus dem Verkehr gezogen.

Münzfälschungen, sofern sie sich bei Münzen überhaupt lohnen, bestehen oft aus minderwertigen Legierungen, die nach kurzer Zeit fleckig werden. Als zweites Sicherheitsmerkmal neben dem Material gilt das magnetische Verhalten des Münzgelds. Ein- und Zwei-Euro-Stücke sind schwach, Stücke aus dem Zehnerbereich gar nicht und Münzen aus dem Centbereich stark magnetisch.

Die Banknoten haben über 100 verschiedene Sicherheitsmerkmale. Einige davon können nur Maschinen erkennen, andere können Menschen sehen. Bei 100- und 200-Euro-Banknoten bewegen sich beim Kippen ganz oben im Hologrammstreifen Eurosymbole (€) um die Wertzahl. Im silbernen Hologrammstreifen auf der Vorderseite erscheint beim Kippen wieder das Eurosymbol, das Hauptmotiv und die Wertzahl der Banknote. Im Fenster des Streifens wird das Porträt der antiken Figur Europa sichtbar, wenn man die Banknote gegen das Licht hält. Schaut man sich die Rückseite an, erkennt man beim Kippen mehrere regenbogenfarbene Wertzahlen. Schließlich findet sich auf den Banknoten noch die Unterschrift des jeweilig Präsidierenden der Europäischen Zentralbank: von 2011 bis 2019 der Italiener Mario Draghi und ab 2019 die Französin Christine Lagarde.

Zugegeben: Die Wahrscheinlichkeit ist klein, aber die Möglichkeit ist vorhanden. Trotz Glanz und trotz offensichtlichen Geldwerts hätte Silwa auch eine in Deutschland ungültige Geldmünze finden können. Eine britische Ein-Pfund Münze oder 500 türkische Lira, beide auch aus zwei Metallen hergestellt und leicht mit einem Zwei-Euro-Stück zu verwechseln. Oder zehn mexikanische Pesos, zweifarbig wie die Ein-Euro-Münze. Das ist alles Geld, das irgendwo auf der Welt ein universelles Zahlungsmittel ist, mit dem man seine Schulden begleichen kann. Aber nicht im Euroraum.

Dennoch kann dieses Geld von praktischem Wert sein, wie früher einmal die französische 20-Centimes-Münze. Etwa so groß und schwer wie ein Ein-D-Mark-Stück, aber nur sieben Pfennig wert, brachten sie findige Jugendliche Mitte der siebziger Jahre in Mengen aus dem Frankreichurlaub mit. Vielleicht musste man kurz draufspucken, vielleicht irgendwo schnell und heftig auf Metall reiben. Dann war die Münze präpariert und das Sicherheitssystem damaliger Automaten überlistet. Also ein- bis zweimal reingeworfen, manchmal mit Fingerspitzengefühl, dann hatte man seine Packung Zigaretten in der Hand.

Inflation, Wirtschaftswachstum und Finanzkrisen

Geld ist knapp. Sonst funktioniert es nicht. Gleichzeitig wächst der Zwang, es aufzutreiben. Geld dringt in immer neue Lebensbereiche vor, wie beispielsweise ins Gesundheitswesen und die Pflege. Dabei fragt man sich, wie Ökonomen ticken. Zwei Eigenschaften, die sie dem Geld zuschreiben und die sie für universell halten, nämlich sämtliche Werte zu messen und es deswegen universell tauschen zu können, darf man nur mit einer juristisch anmutenden Haarspalterei akzeptieren. Genauso die Eigenschaft, Werte aufzubewahren. Auch davon kann mit Alltagsverstand keine Rede sein. Geld verliert mit der Zeit an Wert. Dieses Phänomen heißt **Inflation** und hat zuletzt etwa mit dem Ausbruch des Ukrainekriegs 2022 die Finanzwelt aufgeschreckt.

Maximal zwei Prozent Wertverlust im Jahr lautete das Ziel der Europäischen Zentralbank. Demnach würden 1000 gesparte Euro pro Jahr 20 Euro an Wert verlieren – der Preis für den einsamen Besuch einer Pizzeria plus Wein. Dieser moderate Wertverlust, so die Argumentation, kurbelte die Wirtschaft an. Warum sollte jemand warten, sich neue Schuhe, einen Kühlschrank oder eine Kreissäge zu kaufen, wenn, abgesehen von Sonderangeboten, nichts billiger wird? Die moderate Inflation steigert die Nachfrage. Weil in einem kalkulierbaren wirtschaftlichen Umfeld die Unternehmen planbare Kosten bei nahezu konstant guten wirtschaftlichen Aussichten haben, schaffen sie neue Arbeitsplätze. Diese neuen Arbeitnehmer brauchen wieder neue Schuhe, vielleicht einen Wochenendurlaub, das Wohnzimmer sollte sowieso mal wieder renoviert werden. Und wenn all das erledigt ist, entstehen neue Geschäftszweige, Dienstleistungen. Mittlerweile lässt man sich ein vorgekochtes Mittagessen, den Wocheneinkauf an Lebensmitteln und kistenweise Getränke liefern. So dreht sich die Wachstumsspirale weiter, glauben die Wirtschaftswissenschaften in ihrer Naivität.

Manche Kritiker leiten daraus den anderen Kinderglauben ab, dass es kein unendliches Wirtschaftswachstum geben könne. Dabei geben steigende Umsatzstatistiken nur wieder, dass im Folgejahr mehr verkauft wurde als im vergangenen. Sie sagen aber nicht, was verkauft wurde. Preiswerte Telefone, die an Kabeln hingen, wurden durch teurere kabellose ersetzt und die wiederum durch solche, die fotografieren können. Reine Telefonkosten sanken, aber das Fernsehen kommt über einen

Wie kommt es zu Inflation?

Sofern der Wert des Geldes im Gold und Silber der Münzen gespeichert ist, führen die folgenden Prozesse zu Inflation:

- Neue Gold- und Silbervorkommen werden entdeckt und ausgebeutet.
- Mehr Münzen mit geringerem Gehalt an Edelmetall werden ausgegeben.

Wichtige Beispiele:

- 3. Jahrhundert n. Chr.: Im Römischen Reich wurde der Silbergehalt des Denars reduziert, um die Kriegsführung zu finanzieren.
- 11. Jahrhundert n. Chr.: Im Byzantinischen Reich wurde der Goldgehalt des Bezant (auch: Goldsolidus) reduziert, um militärische Ausgaben zu finanzieren und wirtschaftliche Herausforderungen zu meistern.
- 16. Jahrhundert n. Chr.: Ausgehend vom Spanischen Reich kam es in ganz Europa zu Inflation, ausgelöst durch gewaltige Mengen an Gold und Silber aus Südamerika.

Zusammenschluss mehrerer Computernetze (Internet), was Kosten verursacht, die in den achtziger Jahren des 20. Jahrhunderts niemand kannte. Der Kohleofen wurde erst durch eine Ölheizung, dann durch eine Gasheizung ersetzt und die vielleicht bald durch ein System aus Wärmepumpe und Wasserstoffbrenner. Wird, aus welchen Gründen auch immer, ein Produkt nicht mehr hergestellt, kann sich das Wirtschaftswachstum auf andere Gebiete verlagern.

Ist der Wert des Geldes dagegen extern abgesichert (durch den Goldstandard oder den guten Ruf eines Staats), führen die folgenden Prozesse zu Inflation:

- Erhöhung der Geldmenge
- Verlust des Vertrauens in die Währung
- starker Anstieg der Rohstoff- und Importpreise.

Wichtige Beispiele:

- Deutschland (1923): Tägliche Inflationsrate 20,9 Prozent. Verdopplung der Preise: alle 89 Stunden.
- Ungarn (1945–1946): Tägliche Inflationsrate 207 Prozent. Verdopplung der Preise: alle 15 Stunden.
- Jugoslawien (1992–1994): Tägliche Inflationsrate 64,6 Prozent. Verdopplung der Preise: alle 34 Stunden.

Ein weiterer Kinderglaube bezieht sich auf die Annahme, dass man alle Einflussfaktoren auf die Wirtschaft im Griff halten kann wie beispielsweise den Wert des Geldes. Auch hier – denkste! Erst bricht der Immobilienmarkt der USA zusammen, dann geht am 15. September 2008 die Investmentbank Lehman Brothers Holdings Inc. pleite. Menschen, die nie im Leben an eine Wohnung in New York oder dem mittleren Westen der USA gedacht hatten und die auch nie im Leben etwas mit einer Investmentbank zu tun hatten, fragten plötzlich, ob ihr Geld auf dem Sparbuch (das es damals noch gab) noch sicher sei. Banken vergaben kaum noch Kredite, vorher gefragte Finanzpapiere blieben liegen wie Blei, und Geldströme flossen Richtung Betongold. Immobilienunternehmen wuchsen, und mit deren Renditevorstellungen stiegen auch die Mieten.

Die Europäische Zentralbank reagierte. Sie pumpte Geld in den Markt. Die umlaufende Geldmenge wuchs. Zu jedem Euro, den die Bevölkerung Europas in ihren Portemonnaies herumtrug, auf Konten bei Banken parkte und irgendwo in anderen Anlagen investiert hatte, kamen plötzlich 60 Cent mehr in Umlauf. Wo ist das Geld geblieben?

Klassisch gedacht, hätte die Inflation steigen müssen. Der Verbraucherpreisindex stieg auch. Schaut man auf den Zeitraum bis Ende 2021, also bis kurz vor dem Ukrainekrieg, floss aber viel mehr Geld in den Markt, als es selbst an Wert verlor. Für Lebensmittel und Energie beispielsweise blieben die Preise relativ konstant, eine allgemeine Inflation blieb aus. Hier behielt der Euro ungefähr seinen Wert. Weil aber so viel Geld im Umlauf war, sanken die Zinsen. Erst nur auf Sparbücher, die bald von Tagesgeldkonten abgelöst wurden, dann auch von Krediten. In dieser Situation wurde es für Besserverdienende leichter, an Geld heranzukommen.

Für Menschen, die wussten, was sie mit Geld machen konnten (außer es wie Silwa in Weingummis anzulegen), brachen goldene Zeiten an. Wer es sich leisten konnte, investierte. Die einen steckten ihr Geld in Immobilien. Die Nachfrage nach Häusern und Wohnungen stieg. Die Preise verdoppelten sich nahezu. Die anderen investierten in Aktien. Auch hier verdoppelten sich nahezu die Preise. Unbemerkt von großen Teilen der Bevölkerung entwickelte sich in den Bereichen eine Inflation, in denen man klassischerweise Vermögen aufbaut.

Gleichzeitig zeigte sich ein zweiter Effekt. Geld neigt unter bestimmten Bedingungen zur Klumpenbildung, also dazu, Geldvermögen zu bilden. Denn »wer hat«, wie der Volksmund sagt, »dem wird gegeben« (oder: »Der Teufel scheißt auf den größten Haufen«). Statistiker haben die verschiedenen Haufen mess- und vergleichbar gemacht. Sie sprechen vom Gini-Koeffizienten, dem Maß der Ungleichheit. Der zeigt: Zwischen 2010 und 2021 wuchs die Ungleichheit in Deutschland um zehn Prozent wellenförmig an, während sie mit Beginn des Ukrainekriegs 2022 (vorübergehend?) wieder absackte.

Noch einmal auf die Bereiche geschaut, die vor dem Ukrainekrieg eine inflationäre Preisentwicklung durchmachten, zeigte sich 2023 eine Wende. Statt Immobilien und Aktien wurden Lebensmittel und Energie teurer. Ende des Jahres bekamen Kunden eines Supermarkts für einen Euro nur Waren für rund 80 Cent des Vorjahres und Energie nur noch für rund 75 Cent. Die allgemeine Inflationsrate kletterte zeitweise so hoch, dass man für 1000 Nullzinseuro auf der Bank monatlich etwa einen Cappuccino mit Croissant oder einen opulenten Becher Eis verlor. Übers Jahr betrachtet, summierten sich die Verluste so weit, dass man – hätte man das Geld in der Hand – pro Tausender eine externe Festplatte oder ein gebrauchtes Kinderfahrrad hätte kaufen oder für die Familie einen Sommertag im Freibad hätte finanzieren können.

Bewahrt Geld Werte auf? Die Inflation hatte die gehobene Mittelschicht mit ihrem Lebensbereich »Geldanlage« verlassen und war bei den wirtschaftlich Ärmeren und Ärmsten eingekehrt. Die Wertabschläge, die man bislang etwas stärker, etwas schwächer hinnehmen musste, wuchsen wie noch nie seit dem Zweiten Weltkrieg. Bis 2024 hinein musste man sein Geld vor der Inflation schützen.

Geldhäuser

Ein paar Jahre bevor ich Hanna, Silwa und den Rest der Familie kennenlernte, war ich an einiges Geld gekommen. Dieses Kapital wollte ich investieren. Der Betrag hätte für einen halbvollen 20-Fuß-Standardcontainer mit Weingummi gereicht. Aber ich wollte eine Wohnung, am liebsten in Südfrankreich. Nach einem Jahr Suche fand ich in Marseille, wovon ich träumte. Durch ein verrottetes Treppenhaus ging es hinauf zu 56 Quadratmetern Eigentum, auf zwei Zimmer mit Küche und Bad verteilt. Hinzu ein Blick aufs Mittelmeer – jedenfalls, wenn man sich den Hals verrenkte. Hinzu kam ein Dach, auf das man eine Terrasse bauen konnte (und einen besseren Blick aufs Wasser hatte), auf der ich bei einem Gläschen Rotwein über meinen (bis heute nicht begonnenen) Roman nachdenken wollte. Die Zeiten meiner Schaffenskrisen (kommt vor) wollte ich mit Feriengästen überbrücken, mein neuer Vier-Wände-Traum würde mich im Unterhalt also nicht einmal etwas kosten.

Es gab aber ein kleines Problem. Das Erbe konnte lediglich eine Anschubfinanzierung sein. Ich brauchte mehr Geld. Meine Finanzmaklerin (einen Kopf kleiner als ich, dieselbe Gewichtsklasse, aber intelligenter) wusste eine Antwort: »Wenn du Geld von einer Bank willst, brauchst du zwei Dinge. Du brauchst Geld, dass wir der Bank gegenüber als Eigenkapital ausgeben können.« Dabei malte die Frau einen kleinen Kreis auf ein weißes Blatt Papier, das vor ihr auf dem Schreibtisch lag. »Und du brauchst irgendwas von Wert. Eine Sicherheit«, fuhr sie fort und malte einen zweiten Kreis. Zögerlich. »Normalerweise setzt man hier die Wohnung ein, die man kaufen will«, erklärte die Finanzmaklerin. »Aber in Marseille? Ausland? (Schulterzucken) Ich weiß nicht, ob das die Banken trotz Europäischer Union mitmachen.«

Ich hatte alle notwendigen Papiere zusammengesucht, meine Steuererklärung drumgewickelt (bei Freiberuflern bestehen Banken darauf) und das Paket auf dem Schreibtisch der Finanzfrau wieder aufgeschnürt. Jetzt schob ich die Papiere hin und her, dann schlug ich als Eigenkapital das Erbe vor. Meine Finanzmaklerin malte in ihren ersten Kreis ein Häkchen. »Als Sicherheit«, fuhr ich fort und stockte. Dann fasste ich mich wieder. Das Angebot, das ich gefunden hatte, war zu gut: »Vielleicht mein Zuhause.« Eine Wohnung, die ich fast taggenau zur Lehman-Pleite gekauft hatte und die über die Jahre passend zu meiner Persönlichkeit abgeranzt war. Ein echtes Heim.

Die Finanzmaklerin malte ihr Häkchen in den zweiten Kreis, und ein paar Tage später sahen wir uns in einer Bank wieder. Sie, so kurzatmig wie das Hündchen auf dem Arm (etwas Weißes mit spitzer Schnauze und schwarzen Flecken), hatte den Angestellten wie einen alten Bekannten begrüßt. Der hatte einige Papiere aus einem Drucker gezogen, Darlehnsverträge. Ich unterzeichnete. Dann wurden Hände geschüttelt, und wieder ein paar Tage später zeigte mein Konto einen Stand wie nie zuvor.

Ich hatte mich nie gefragt, woher das Geld für den Kredit kam, den mir die Bank gab. Wenn ich etwas dazu hätte sagen sollen, dann hätte ich erzählt, dass eine Bank die entsprechenden Beträge von den Spar- und Tagesgeldkonten anderer Menschen nimmt, dass sie dieses Geld lediglich umverteilt. Um weiteres Geld anzulocken, würden Banken Zinsen auf Sparkonten zahlen, wenn nicht gerade eine Nullzinsphase herrscht, und würden es gegen höhere Zinsen weiterverleihen. Ihren Gewinn, so die Idee, machen Banken aus der Differenz von Geben und Nehmen. Dieses Geld geht als Eigenkapital aufs eigene Konto der Bank (wo haben Banken eigentlich ihre Konten? Bei sich selbst?) und finanziert (wie die Deutsche Bank) 2023 beispielsweise 67,7 Millionen Euro als Vergütung für einen zehnköpfigen Vorstand plus Dienstflugzeug und wer weiß was sonst noch alles.

In ihrer Schlichtheit ist diese Vorstellung heute noch populär, sogar nobelpreiswürdig. Ben Bernanke, von 2006 bis Anfang 2014 Präsident der US-Notenbank, dem Federal Reserve Board (kurz: Fed), hatte in seiner wissenschaftlich aktiven Zeit diese »Loanable Funds« (Beleihbare Fonds) genannte Theorie auf die große Wirtschaftskrise der 1930er Jahre angewandt. Eine Ursache der großen Depression, wie diese Krise auch genannt wird (und hier ähnelte die Situation dem Lehman-Crash von 2008), war eine Kreditblase. Während der zwanziger Jahre des letzten Jahrhunderts waren die Aktienkurse explodiert (bei Lehman: explodierende Immobilienpreise). Daraufhin hatten US-amerikanische Banken viele, durch Aktienpakete abgesicherte, Kredite vergeben, die sich nach dem Börsencrash vom Schwarzen Freitag, dem 25. Oktober 1929, als faul herausstellten. Die Banken fürchteten um ihr verliehenes Geld und kündigten reihenweise Kreditverträge.

Die Kunden konnten nicht zahlen, ihre Aktien waren ja nichts mehr wert, die Kredite platzten. Die Folgen waren steigende Zinsen, verteuerte Kredite, verschobene Investitionen, verloren gegangene Arbeitsplätze und Arbeitslosigkeit. Die Weltwirtschaftskrise.

Wie Geld geschöpft wird

Die von Ben Bernanke angewandte **Loanable-Funds-Theorie** behandelt Geld, als bestünde es wie im alten Rom (oder der frühen Neuzeit) aus einer festen Anzahl Silbermünzen. Sie bekamen ihren Wert durch das Edelmaterial, aus dem sie gefertigt sind. Sie verlieren dann (buchstäblich) an Substanz, wenn entweder neue Gold- oder Silbervorkommen erschlossen werden oder sich der Metallwert oder ihr Gold- oder Silbergehalt verändert. Händler der frühen Neuzeit prüften Geld auf solche Metallfälschungen, indem sie die Münze am Rand einkerbten und nach Fremdmetallen suchten. (Daran erinnern noch heute die sieben Einkerbungen in der 20-Cent-Münze.) Solcherart Geld wird nicht langfristig investiert. Man gibt es für den täglichen Bedarf aus und hütet den Rest daheim versteckt im Wäscheschrank oder deponiert es in einer modernen Variante auf einem Sparkonto.

Nun sagt man gemeinhin (und so wird es auch oft in der Wirtschaftspresse falsch kolportiert), Blasen bildeten sich, wenn zu viele Banken zu viele Kredite gegen zu wenig Sicherheiten vergeben. Oder – Stichwort Immobilienblase – wenn Banken im Glauben an permanent steigende Preise (also durch systemische Dummheit) ihre Sicherheiten selbst entwerten und dann in Panik versuchen, ihre »notleidenden« Kredite zu retten (um dabei über Leichen ebenso notleidender Menschen gehen).

Wer so argumentiert, hat nicht verstanden, was das ist, Geld. Denn Geld, gedacht in werthaltigen Münzen, kann zwar über die Theorie der weiterverliehenen Sparguthaben das Wechselspiel von Angebot und Nachfrage (unter anderem an Krediten wie meinem für die Wohnung in Marseille) beschreiben. Es lässt sich aber nur dann vermehren, wenn neue Silber- und Goldminen erschlossen werden. Deshalb, so kommentierte der frühere Wirtschaftsweise Peter Bofinger von der Universität Würzburg im Berliner *Tagesspiegel*, »können solche Sparer keine Kreditblase verursachen, über die zu viel Geld in Umlauf kommt«. Und ätzt über den 2022 unter anderem an Bernanke verliehenen Wirtschaftsnobelpreis: »Das ist etwa so, als wenn man Ptolemäus mit dem Physiknobelpreis für die Erkenntnis ehren würde, dass die Sonne um die Erde kreist.«

Viele Krisen entstehen, wenn Banken im Verhältnis zu ihren Sicherheiten zu viel Geld in den Markt pumpen, wenn sie den Markt mit Euros, US-Dollar und Geld sonstiger Währungen fluten. Natürlich muss man jetzt nachfragen, woher diese Geldschwemme kommt. Fällt das Zuvielgeld vom Himmel? Rotieren die Gelddruckmaschinen der Welt in einem Tempo, dass ihre Walzen glühen (und das Geld schon während der Herstellung »verbrennt«)? Wie entsteht dieses »zu viele« Geld?

Um frühneuzeitliche Edelmetallmünzen zu schaffen, brauchte man Bergwerke, ein Hüttenwesen und Metallpressen. Als nach der Eroberung des Inkareichs durch die Spanier im 16. Jahrhundert allein der Cerro Rico (»reicher Berg«) im heutigen Bolivien jährlich mehr als die Hälfte der 220 Tonnen Silber aus den neuen Besitztümern für Münzen lieferte, wurden auch dort neue Prägewerke gebaut. Aus diesem Quell wahrer Geldflut strömten die Münzen nach Europa und verzehnfachten manche Preise des täglichen Bedarfs wie Getreide, Fleisch, Feuerholz und so weiter. Jahrhunderte später, in Zeiten von Papiergeld, wurden während der großen Inflation die Werte auf den Geldscheinen überdruckt (heute würde man sagen »angepasst«). Heute leben wir jedoch weder ausschließlich mit Silbermünzen noch mit Geldscheinen. Heutiges Geld ist überwiegend in Computern aufbewahrt.

Als ich beispielsweise das Darlehn für die Marseiller Wohnung ausbezahlt bekam, hatte die Bank nur einen Teil des Geldes von Sparkonten anderer Kunden umgebucht. Einen anderen Teil des Spargeldes investieren Banken auf eigene Rechnung und für zusätzlichen Gewinn in Anleihen, Aktien oder andere Wertpapiere. Den Anteil meines Kredits, den die Bank nicht von den Sparkonten meiner Mitmenschen finanzierte, hatte sie in ihren Computern hergestellt. Einfach so. Gewöhnliche Banken (Geschäftsbanken) stellen im Kerngeschäft tatsächlich Geld her. Sie produzieren Zaster, Mammon, Moneten, Penunze und Pinkepinke, wie andere Unternehmen heute Autos, Agrarchemikalien oder Werkzeugmaschinen oder die Prägewerke am Cerro Rico Silbermünzen herstellen. Banken brauchen dafür keinen Rohstoff, sondern lediglich elektrischen Strom für ihre Computer. Wirtschaftswissenschaftler nennen das »Geldschöpfung«. Aus dem Urknall einer Geschäftsidee (Wohnung in Marseille) hat beispielsweise meine Hausbank quasi gottgleich einen ganzen Kosmos des Geldes erschaffen.

Atheistisch betrachtet, suggeriert das Schöpfen auch einen Bankier, der auf die Kreditanfrage eines Kunden antwortet: »Einen Moment bitte.« Dann verschwindet er durch eine Tür im Hintergrund (»Nur für Angestellte«) und steigt in einen geheimen dunklen Keller hinab. Dort geht er an einen märchenhaften Geldbrunnen, der durch eine geheime Leitung direkt vom Cerro Rico gespeist wird, dem Berg mit unendlichen Silbervorkommen. Der Angestellte lässt einen Eimer hinab. Wenn er ihn einen Augenblick später wieder hochzieht, ist er voller Geld. Damit (»Verflucht, jetzt muss ich das schwere Zeug die Treppen hochschleppen. Können die keinen Fahrstuhl einbauen?«) geht der Bankangestellte zum wartenden Kunden zurück, tupft sich etwas Schweiß von der Stirn, wischt sich ein paar Staubfusseln und eine Spinnenwebe vom Revers und kippt das frisch geschöpfte Geld auf den Tresen des Bankschalters. Dann sagt er, von der Anstrengung leicht ungehalten: »Hier, bitte. Und nicht vergessen, die erste Rate zum nächsten Ersten.«

So verrückt diese Vorstellung klingt, so nahe ist sie an der Realität – jedenfalls wenn man aus dem Brunnen tatsächlich unendlich viel Geld schöpfen kann und den Vorgang ins Computerzeitalter überträgt, das Geld also digitalisiert. Jetzt ändert sich lediglich der technische Vorgang, aber nicht das Prinzip des Geldschöpfens. Statt dass sich der Bankier heimlich in einen staubigen Keller zum geheimen Geldbrunnen schleicht, fängt ein angestellter Nerd im Hinterzimmer an, in einem bankeneigenen Computerprogramm an einem Zähler herumzufummeln.

Zähler sind einfache Unterprogramme, die in vielerlei Softwares arbeiten. In einem gewöhnlichen Schreibprogramm zählt ein Zähler zum Beispiel Seitenzahlen. Andere zählen Fotos, Einträge in Tabellen oder Geld in Computern der Banken. Zum Beispiel, wie viel Geld so ein Möchtegernimmobilientycoon wie ich auf seinem Konto hat. Solche Zähler kann man automatisch arbeiten lassen, aber auch von Hand verändern. Bei einem Schreibprogramm: »Bitte fang bei Seite fünf an und gib der dritten Seite die Zahl 27.«. Genau das machte der Computernerd mit meinem Kontostand.

Natürlich gibt es diesen Nerd in Wirklichkeit so wenig wie den Geldbrunnen. Der Prozess ist automatisiert, eine Software erledigt ihn, von einer IT-Abteilung überwacht. Aber die Vorstellung hilft zu verstehen, welche Prozesse im Hintergrund abliefen, als man mir den Kredit für die Marseille-Wohnung auszahlte. Man hatte den Zähler meines Kontostands vom Stand meines Erbes auf den Betrag »Erbe plus Immobiliendarlehn« verdreht. Das Darlehn war meinem Konto gutgeschrieben worden. Die Summe sollte für die Wohnung reichen.

Das Geld hatte die Bank also nicht vollständig vom Gesparten auf anderen Konten genommen. Niemand hatte gesagt: »So viel wird hier nicht im Jahr abgehoben, wir können einen Teil davon weggeben.« Sondern man argumentierte: »Die deutsche Wohnung des Kunden ist ganz schön was wert. Und wenn der Kerl finanziell über Kopf geht, schnappen wir sie uns, versteigern sie. So kommen wir mit allen unseren Gebühren, Auslagen, Aufwendungen und sonstigen Ausgaben auf unsere Kosten.«

Über Kredite schaffen Banken Geld aus dem Nichts. Sie machen (wie ein Feature des Deutschlandfunks einmal titelte) »money for nothing«. Einfach so. Manche Menschen schließen daraus, Geld sei nichts anderes als Schulden. Sie mögen recht haben. Aber seinen Wert erhält das Geld nicht immer (wie im Fall meines Immobiliendarlehns) aus einem Gegenwert, den Banken als Sicherheit einfordern. Nicht jeder Kredit ist materiell abgesichert oder, wie es auch heißt, »passiv geschöpft«. Etliches Geld wird auch ohne jede Sicherheit geschaffen, beispielsweise über Kreditkarten (»Kreditrahmen 1000 Euro«) und wenn jemand »in den Dispo gerutscht« ist. Beide Kredite sind auf Treu und Glauben verliehen. Als Sicherheit hat die Bank die persönliche Bonität des Kunden, dessen Angst vor der Reaktion des Geldhauses, wenn man die Schulden nicht zurückzahlt, sowie ein Gläubigern gegenüber positiv gestimmtes Gesetzeswerk auf ihrer Seite, bei Nichtzahlung eventuell verbliebene Werte pfänden zu lassen. (Beispielsweise reichen Schulden um 1000 Euro, um Wohneigentum zu pfänden, zwangsversteigern zu lassen und den selbstnutzenden bisherigen Eigentümer auf die Straße zu setzen.) Einen Wertunterschied zum Geld, das durch materielle Werte abgesichert ist, gibt es nicht. Diese Euro und Cent sind dieselben wie die, die auf materiellen Sicherheiten beruhen.

Zahlt man seine Schulden zurück (»Hier der Plan«, hatte meine Finanzberaterin gesagt. »20 Jahre Laufzeit, dann biste schuldenfrei.«), kehrt der Prozess des Geldschöpfens um. Man stopft das Loch, dass der Kredit oder das Darlehn in die Bücher der Bank gerissen hat. Dazu verschwindet aber kein Bankangestellter zum Geldbrunnen im Keller, in den er jetzt eimerweise Goldmünzen schüttet. (Weil sich darin aber schon unendlich viele Münzen befinden, würde der Pegel um keinen Millimeter steigen.) Und kein Nerd fummelt am Computer und zieht nach Gutdünken von Kreditkonten beliebige Summen ab. Nach dem Prinzip »Was rausgeht, muss auch wieder reinkommen« (eigentlich das Prinzip der doppelten Buchführung) verschwindet das Geld auf eine Weise, als ob Materie auf Antimaterie trifft. Es zerfällt Stück für Stück und zeigt sich nach der letzten Rate als ein vor Freude strahlendes Lächeln auf dem Gesicht des Kunden, diese Belastung losgeworden zu sein.

Die Sache war klar. Ich hatte das Erbe, Eigenkapital. Ich hatte auch das Immobiliendarlehn, also Fremdkapital. Über beide Arten Geld konnte ich frei verfügen. Die Bank würde nicht kontrollieren, ob ich es (die offizielle Begründung für das Darlehn) für eine Renovierung meines Zuhauses ausgeben würde. Ich könnte das Geld auch für eine Erste-Klasse-Kreuzfahrt in die Antarktis verprassen, davon über Jahre mein Einkommen aufstocken (es letztlich wie Silwa im Falle ihres gefundenen Vermögens aufessen) oder wie geplant davon die Wohnung in Marseille kaufen. Ich konnte über das Geld frei verfügen, obwohl mir ein Teil davon nicht gehörte.

So klar sind die Besitzverhältnisse beim Geld aber nicht immer. Wenn man beispielsweise so viel verschiedenes Geld bei einer Institution wie der Bank zusammenträgt, verschwimmen die Grenzen von Mein und Dein. Banken scheint es egal zu sein, wem das dort aufbewahrte Geld tatsächlich gehört. Sie schauen nicht auf Besitzverhältnisse. Begriffe wie »Eigentum« und »Leihgabe« verlieren dort ihren Sinn.

Banken schauen darauf, wie viel Geld sich in ihrem Besitz befindet und wie dieses Geld »fließt«. Dafür nehmen sie Anleihen bei derselben Theorie, mit der man auch Ströme von Trinkwasser, Gas und Elektrizität beschreibt. Es ist dieselbe Theorie, die Materialflüsse im Transportwesen und in der Automobilzulieferindustrie beschreibt. Diese Theorie ähnelt in allgemeinerer Form einer Beschreibung des Internets mit seinen Informationsflüssen in sozialen Netzwerken und in der Biologie der Theorie, die Wechselwirkungen zwischen Proteinen und Genen beschreibt. Um das, was man gemeinhin Mein und Dein nennt, zu beschreiben, bemühen Banken die **Netzwerktheorie**.

Eine Netzwerktheorie beschreibt keine Besitzverhältnisse. Sie ermittelt, welche Hähne geschlossen oder geöffnet werden müssen, um Gas, Wasser, Material, Informationen oder Geld in die gewünschten Bahnen laufen zu lassen. Dafür gliedert eine Bank alles Geld, das sich in ihrer Verfügungsgewalt befindet, in vier verschiedene Gruppen:

- Klasse-1-Kapital (englisch: Tier-1) ist das sofort verfügbare Geld, das mit größter Sicherheit niemand zurückverlangt. Dazu zählen Geschäftseinlagen und Gewinne der Bank. Dieses Geld nennt man Eigenkapital.
- Zur Sicherung ihrer Geschäfte nutzen Banken aber auch, Gruppe zwei, »zusätzliches Eigenkapital«. Eigentlich gehört dieses Geld nicht der Bank, wenn man Besitzverhältnisse mit einem Alltagsverständnis von »gehören« betrachtet. Geht man vom Geschäftsleben aus (Stinkefinger: »Versuch doch mal, an das Geld heranzukommen!«), stellt man fest, dass man gegen die Bank schlechte Karten hat. Das zusätzliche Eigenkapital muss die Bank im Fall einer Pleite erst nachrangig, also erst dann auszahlen, wenn alle anderen Gläubiger ausgezahlt wurden. Dieses Geld muss zudem dauerhaft bei der Bank angelegt sein, und die Bank muss selbst entscheiden können, ob sie es auszahlt oder nicht. (Mit Finger an Kopf tippen: »Ich bin doch nicht blöd!«)
- Ist nachrangiges Geld auf mindestens fünf Jahre angelegt, nennen es Bankiers Hybrid- oder Klasse-2-Kapital (englisch: Tier-2).
- Das Geld, das wie Spareinlagen lediglich verwaltet wird, ist nicht weiter klassifiziert und sollte auch nicht angerührt werden, um ausgefallene Darlehn zu begleichen.

Geldarten

Der Prozess, Geld aus Schulden herzustellen, ist universell. Selbst die Autoritäten (Staaten), die dem Geld erst dessen Wert verleihen, gehen nach der Methode »Geld entsteht durch Schuldenmachen« vor. Sie vermeiden jedoch Geschäftsbanken und Dialoge wie: »Wir brauchen einen Kredit.« – »Was geben Sie als Sicherheit?« – »100 Kilometer Autobahn A1. Jeder kostet durchschnittlich zehn Millionen Euro.« – »Nein.« – »Dann Kampfpanzer, Leopard 2, Ukraine-getestet.« – »Nö.« – »Die Deutsche Bahn?« – Der Bankangestellte, jetzt ehrlich empört: »Hören Sie auf!«

Staaten haben eigene Banken gegründet (Zentralbanken), um die herum eine eigene Parallelwelt des Geldes entstanden ist, ein Spiegeluniversum der klingenden Münze. Der Unterschied zwischen Staats- und meinen privaten Immobilienschulden liegt zuerst in der Größenordnung. Bei mir wird in Tausendern gezählt. Legt die Bundesregierung beispielsweise ein Sondervermögen für die Bundeswehr auf (das trotz des Namens kein Vermögen, sondern eine Schuld, gewissermaßen ein Unvermögen ist), geht es um Milliarden. Im Fall der Staatsschulden der USA handelt es sich um Billionen.

Die Abläufe, um einen Kredit zu bekommen, unterscheiden

sich nur leicht, die Rollen sind identisch. Für meine vergleichsweise bescheidene Summe genügte eine Finanzberaterin, die verschiedene Angebote unterschiedlicher Wald- und Wiesenbanken verglich und den Formalkram per Anruf und etwas Papierarbeit erledigte. Für die Bundesrepublik Deutschland arbeitet in Sachen Schulden unter anderem ein speziell für diesen Zweck gegründetes Unternehmen, die bundeseigene Finanzagentur GmbH. Sie geht immer wieder zur selben Bank, seit der Einführung des Euros die Europäische Zentralbank.

Anders als ich muss die Bundesrepublik Deutschland keine Sicherheiten aufbringen. Für den Staat gilt das Prinzip »Dispo«, ein Minus ohne jeden materiellen Gegenwert. Diese Schulden verkauft beispielsweise die Bundesbank unter anderem als Bundesschatzanweisungen, Bundesobligationen oder Bundesanleihen an Geschäftsbanken und (vermittelt über diese Banken) an Privatleute. Die wiederum rechnen sich aus, dass diese Geldanlage sicherer oder rentabler ist als eine Wohnung in Marseille. (Einen Roman kann man wirklich überall schreiben, sofern man genügend Sitzfleisch hat.) Alle diese Kunden glauben dem Versprechen der Bundesrepublik Deutschland, die mit den Schulden eingegangenen Verpflichtungen (beispielsweise Zinszahlungen und Rückkäufe) vertragsgetreu zu erfüllen.

Meine Hausbank kauft einige dieser Papiere auf und zahlt die Schuldverschreibungen wieder bei der Bundesbank ein. Die Bundesbank schreibt ihr jetzt die entsprechenden Beträge als Geld auf dem eigenen Konto gut: »Momentanes Guthaben der Bank plus soundso viel Euro.« Die Bundesbank hat jetzt in ihrem Computer den Zähler des entsprechenden Kontos verstellt, sie hat diese Papiere direkt zu Geld verwandelt. Das Geld ist erzeugt, hergestellt, produziert, von der Zentralbank »geschöpft«. Der Gegenwert ist das Versprechen der Bundesrepublik Deutschland auf eine ordentliche Abwicklung der eingegangenen Verpflichtungen.

Bretton Woods und der Goldstandard

Bis zum 15. August 1971 galten nicht gute Worte, sondern Gold als Garant des Geldwerts, jedenfalls indirekt für die damaligen europäischen Währungen D-Mark, Franc, Lira und so weiter. Über feste Wechselkurse war dieses Geld an den US-Dollar gebunden. Der hing wiederum am festgelegten Goldpreis von 35 US-Dollar pro Feinunze (Ende 2024: um 2600 US-Dollar).

Diese Regel (der Goldstandard) fiel nicht vom Himmel. 1944 hatten sich über 700 Delegierte aus 44 Staaten im Mount Washington Hotel im Skiort Bretton Woods, New Hampshire, USA, festgezurrt. Der Dollar wurde zur Referenzwährung der Welt. Er bestimmte den Wechselkurs zwischen den Währungen (etwa: vier D-Mark für einen Dollar, etwa 33 Pfennig für einen französischen Franc und 4,20 D-Mark für ein britisches Pfund) und war selbst an einen vorab festgelegten Goldpreis gebunden.

Eingebunden war diese Regel in eine neue Weltfinanzordnung. Dazu gehörten zum einen neu gegründete Institutionen wie die Weltbankgruppe und der Internationale Währungsfonds IWF (englisch: International Monetary Fund, IMF). Die **Weltbank** finanzierte den Wiederaufbau nach dem Zweiten Weltkrieg und bis heute die wirtschaftliche Entwicklung schwächerer Staaten. Sie betreibt also letztlich Entwicklungshilfe. Der **IWF** hingegen wird bei akuten Krisen wie der Griechenlands von 2010 aktiv. Bis heute verleiht er Geld gegen

Auflagen (für Griechenland etwa die Privatisierung der Häfen von Piräus und Thessaloniki), um Probleme der Zahlungsbilanzen von Mitgliedsstaaten zu bereinigen. Zum anderen verabschiedeten die Delegierten ein völkerrechtlich verbindliches Vertragswerk, das Allgemeine Zoll- und Handelsabkommen (englisch General Agreement on Tariffs and Trade, GATT). Bis 1994 regelte dieses Abkommen einen Großteil des Welthandels, bevor dessen Sekretariat in der Welthandelsorganisation WTO aufging.

Das GATT hatte zur Aufgabe, das Fundament des ganzen Systems von Bretton Woods abzusichern. Feste Wechselkurse konnte es nur dann geben, wenn das Geld verschiedener Währungssysteme nicht selbst zur Ware wurde, deren Preis sich nach Angebot und Nachfrage richtete. Dafür mussten sich jedoch die Binnenmärkte der jeweiligen Staaten voneinander abschotten. Die Bundesrepublik Deutschland musste sich beispielsweise von Frankreich und das wiederum von den USA abgrenzen. Deshalb regulierte das GATT den Handel durch Zollschranken. Je höher die Zölle, desto schwieriger wurden Importe. Allerdings: Wenn man nicht exportieren kann, könnte man vielleicht in anderen Staaten produzieren. Auch dem galt es einen Riegel vorzuschieben. Man errichtete einen zweiten Schutzwall, eine staatliche Devisenkontrolle. Hatte man die Geldströme ausländischer Währungen im Griff, konnten Produktionsstätten im Ausland (Auslandsinvestitionen) nicht finanziert werden.

In der Bundesrepublik Deutschland beispielsweise war der internationale Zahlungsverkehr nur über bestimmte Banken möglich. Deviseneinnahmen mussten entweder gemeldet oder an den Staat verkauft werden. Importe und Exporte wurden kontrolliert und unterlagen Devisenkontrollen. So wurde sichergestellt, dass Geld fremder Währungen nur für als wichtig erachtete Zwecke ausgegeben wurde. Wollten Unternehmen beispielweise in den USA Produktionsstätten eröffnen, mussten sie sich die notwendigen Kapitalexporte genehmigen lassen.

Doch mit der Zeit erodierten diese Barrieren. Es begann damit, dass in verschiedenen Verhandlungsrunden zum GATT die Zölle gesenkt wurden. Erst gingen in der Kennedy-Runde (1964–1967) die Zölle auf Autos und Elektroartikel runter, dann in der Tokio-Runde (1973–1978) die Abgaben auf industriell gefertigte Produkte, und mit der Uruguay-Runde (1986–1994) schließlich die Zölle auf Agrarprodukte.

Noch bevor die Gesetze zur Regulierung des Kapitalverkehrs liberalisiert wurden, hatte sich auf den Devisenmärkten Europas schon »ein riesiger Markt heimatloser Dollar gebildet«, wie der *Spiegel* am 16. Mai 1971 schrieb. Er fuhr fort:

> Auf diesem sogenannten Eurodollar-Markt werden derzeit etwa 50 Milliarden US-Dollar, die nicht im Besitz von Amerikanern sind, kurzfristig ausgeliehen. Da der Eurodollar-Markt der Kontrolle der europäischen Notenbanken entzogen ist, konnten Banken und Großindustrie die restriktive Geld- und Kreditpolitik der meisten europäischen Staaten unterlaufen.

Diese Summe überstieg die Goldreserven des legendären Fort Knox, die der *Spiegel* im selben Artikel mit 47 Milliarden US-Dollar angibt. Hinzu kamen 70 Milliarden bundesdeutscher Gold- und Devisenreserven und die politische Situation der sechziger Jahre des 20. Jahrhunderts. Das Finanzsystem wurde zum Problem.

Deutlich wurde die Finanzmisere dadurch, dass sich die USA in den extrem teuren Vietnamkrieg verstrickten. Diesem Krieg, in dem 1,3 Millionen vietnamesische Soldaten, 58 000 US-amerikanische Soldaten und ein bis zwei Millionen Zivilisten starben, lag eine heute sonderbar anmutende politische Theorie zugrunde, die von Dwight David »Ike« Eisenhower begründete »Dominotheorie«. Man nahm an, dass Staaten in geographischer Nähe zu sozialistischen Ländern von deren Ideologie infiziert würden (wie von einem Virus wie SARS-CoV-2, vulgo Corona). Alle, wie man falsch sagte, »kommunistischen« Bestrebungen sollten im Keim erstickt werden. Um diesen (erst »Polizeiaktion« genannten) Krieg zu finanzieren, gaben die USA deutlich mehr Geld aus, als sie durch Gold decken konnten. Alles Gold der USA reichte nicht aus, dass man die umlaufenden US-Dollars hätte eintauschen können. Das zeigte sich bei mehreren spektakulären Aktionen Frankreichs, als de Gaulle die Probe aufs Exempel machte. Er schickte Dollars, um wie versprochen Gold dafür zu bekommen. Das bekam er aber nicht. Mit der Folge, dass am 15. August 1971 Präsident Richard Nixon Nägel mit Köpfen machte und den US-Dollar vom Gold löste. Die Wechselkurse wurden freigegeben. Im Handel mit Geld wurde selbst die eine Währung zur Ware für die andere und der Wert des Geldes nur noch (wie heute) durch die Reputation des jeweiligen Staates abgesichert.

Zentralbanken und Geschäftsbanken

Zentralbanken verleihen nicht nur an Staaten Geld, sondern auch an Geschäftsbanken, jedoch wieder mit Einschränkungen. Nicht alle Geschäftsbanken dürfen Konten bei der Europäischen Zentralbank führen. Zugang bekommen nur solche Geldhäuser, die bestimmten Kriterien wie Eigenkapital, Liquidität und anderen genügen. Dagegen führen alle Banken mit deutscher Lizenz Konten bei der Bundesbank.

Kommt meine Hausbank mit der Bitte »Ich brauche einen Kredit« zur Bundesbank, ist sie in einer ähnlichen Situation wie ich gegenüber meiner Hausbank. Es gibt einen festen Zins (Leitzins), verhandelt wird nicht, jedenfalls nicht im konkreten Fall. In den Zehnerjahren, die als Nullzinsphase in die Geschichte eingingen, kostete ein Kredit kaum etwas. Man lieh und lieh und lieh – wen juckten die Schulden? Als nach der Coronakrise und mit dem Ukrainekrieg die Inflation zwischenzeitlich auf über acht Prozent stieg (im Bereich der Lebensmittel fast das Doppelte), sollten die Menschen weniger Geld ausgeben. Denn, so die Annahme, weniger Umsatz sei gleichbedeutend mit nicht so schnell steigenden Preisen.

In dieser Situation hob die Europäische Zentralbank die Zinsen an. Sie verteuerte die Kredite der Geschäftsbanken, die wiederum verteuerten die Kredite für ihre Kunden. Die Kunden verlangten weniger nach geliehenem Geld, was sich unter anderem in sinkenden Preisen für Immobilien ausdrückte. Die Geschäftsbanken mussten seltener in ihren Computern die Zähler ihrer Konten verstellen, sie stellten weniger Geld her. Dieses neue Geld war, kurz gesagt, teuer geworden.

Die Zentralbanken steuern über den Leitzins den Preis des Geldes. Ihre Entscheidungen fallen international aber unterschiedlich ins Gewicht. Wenn die US-amerikanische Zentralbank, die Fed, den Zinssatz verändert, reagieren andere Staaten intensiver, als wenn die Europäische Zentralbank »nachzieht« (wie man häufig sagt). Wenn die Banco Central de São Tomé e Príncipe (BCSTP) an der Zinsschraube dreht, passiert

Der Preis des Geldes, festgelegt von der Europäischen Zentralbank (EZB) in Frankfurt

vermutlich gar nichts. Die Gründe liegen auf der Hand. Die Fed ist dem US-Dollar verpflichtet, die Europäische Zentralbank dem Euro und die BCSTP auf São Tomé und Príncipe dem Dobra, eine (gemessen an der Anzahl ihn verwendender Menschen) der kleinsten Währung der Welt.

An dieser Stelle zeigt sich ein wichtiger Unterschied zwischen Zentral- und Geschäftsbanken wie meiner Hausbank. Letztere arbeiten gewinnorientiert. Deren Zinsentscheidungen sollen die Geschäfte ankurbeln und am Ende des Geschäftsjahres alle Anteilseigner, also die Aktionäre, zufriedenstellen. Zentralbanken wie die US-amerikanische Fed, die Europäische Zentralbank (EZB) oder die Bundesbank machen zwar auch Gewinne, sind in erster Linie aber die Überwachungsorgane der Autorität hinter dem Geld, nämlich des Staats. Sie »wachen« (wie man sagt) über die Währung und deren Stabilität, also über den Wert des Gelds, sowie (auch) über die Geschäftsbanken. Trotz ihrer Überschüsse sollen ihre Zinsentscheidungen zuerst die jeweilige Währung stützen, deren Werte in gewissem Rahmen erhalten und einen ungestörten Geldfluss garantieren. Häufig sind sie niemandem rechenschaftspflichtig, sie handeln (jedenfalls in der Theorie) autonom.

Im Alltagsgeschäft sehen sich manche Zentralbanken jedoch der Politik verpflichtet, etwa dem jeweils aktuellen Staatsoberhaupt. Insbesondere dann, wenn dieses (wie in der Türkei) den Chef oder die Chefin der Zentralbank ernennt oder abberuft (vulgo: feuert). Bis zu seiner Wiederwahl am 28. Mai 2023 vertrat beispielsweise Präsident Recep Tayyip Erdoğan (entgegen aller ökonomischen Lehrbuchmeinungen) die Ansicht, dass eine Niedrigzinspolitik die 40-prozentige Inflationsrate im Land bekämpfen könne. Seine Argumentation klang bestechend. Niedrige Zinsen würden die Wirtschaft stimulieren. Der Export würde florieren, gleichzeitig würden Urlauber wegen der niedrigen Preise ins Land strömen.

Einige Zahlen gaben Erdoğan zunächst recht. Im dritten Quartal 2021, berichtete die Zeitschrift *Capital*, wuchs die türkische Wirtschaft um 7,4 Prozent. Ein Wert, von dem man in Deutschland nicht einmal träumt. Doch obwohl sich Erdoğans Ansatz klug anhörte, war er falsch. Er betrachtete weder Importe noch inländische Wirtschaftskreisläufe. Die Inflation an der Supermarktkasse ging nicht zurück. Im Gegenteil. Sie drohte auf die Industrie überzugreifen. Kurz nach seiner Wiederwahl 2023 (so ein Zufall) sah Erdoğan seinen Irrtum ein. Es dauerte knapp zwei Wochen, bis er den damaligen Gouverneur der Zentralbank Şahap Kavcıoğlu, gefeuert und durch die ehemalige US-Bankerin Hafize Gaye Erkan ersetzt hatte. Sie hob die Zinsen an, und die Inflationsrate sank.

Mit den Zentralbanken haben sich Staaten ihre eigenen Gelddruckmaschinen geschaffen. Sie leihen so lange, wie die Anleihen an Geschäftsbanken verkauft, »versilbert« werden können. Dieses Prinzip »Zentralbank« bleibt nicht nur Staaten vorbehalten. Heute kann jedermann eine Banklizenz beantragen und ein eigenes Geldhaus gründen. Die zu erfüllenden Auflagen gelten für alle. In Deutschland besitzen etwa einige Autokonzerne eigene Geldhäuser, die den Kunden beispielsweise Neuwagen finanzieren und auch dem Konzern Geld verschaffen können.

Die isländische Finanzkrise

Auf Island übernahm ein Investor im Bereich Einzelhandel für Textilien – die Baugur-Gruppe (eine »Heuschrecke«: aufkaufen, umstrukturieren, ausschlachten, verscherbeln) – gemeinsam mit einer Fluggesellschaft die Kontrolle über die Glitnir-Bank (seit 2008: Íslandsbanki). Mit dem Know-how im Rücken, Unternehmen nach eigenen Vorstellungen umzubauen, wechselte man als Erstes den Bankvorstand aus. Etwa ein halbes Jahr später verdoppelte die Glitnir-Bank ihre Kredite an eben die Baugur-Gruppe.

Die Baugur-Gruppe glaubte, sich selbst unbegrenzt Geld drucken zu können. Zu Spitzenzeiten, so der Bericht eines Untersuchungsausschusses, den die Europäische Freihandelsassoziation EFTA nach der Lehman-Pleite über Umstrukturierungshilfen für diese Bank am 27. Juni 2012 veröffentlichte, beliefen sich die Ausleihungen an die Unternehmensgruppe trotz erster Liquiditäts- und Refinanzierungsprobleme auf 80 Prozent des bankeigenen Kapitals.

Nun kann eine Bank nicht unbegrenzt neues Geld drucken, etwas erwirtschaften sollte sie auch. Die Glitnir refinanzierte sich (wie ihre Schwestern, die Kaupthing-Bank und die Landsbanki) durch kurzfristige Kredite, die schnell umgeschuldet wurden. Das funktioniert so lange, wie niemand stört. Den Störenfried spielte in diesem Szenario die Lehman-Bank mit ihrer Pleite. Jetzt hätte sich der Geldfluss zwischen der Baugur-Gruppe und der Glitnir-Bank umkehren müssen, denn die Bank konnte ihre eigenen kurzfristigen Kredite nicht mehr finanzieren. Baugur konnte aber nicht zahlen, und in der Folge gingen erst die Bank und dann der ganze Konzern pleite.

Nun hatte die Baugur-Gruppe wiederum einen Eigentümer, die Kaupthing-Bank. Sie saß in einer ähnlichen Klemme wie die Glitnir: zu viele Gelder und Verpflichtungen, ganz so wie die Dritte im Bund, die Landsbanki. Zusammen hatten die drei Banken etwa 20 Milliarden US-Dollar Schulden angehäuft. Man rief (wie immer in Krisensituationen) nach demselben Staat, von dem man – Stichwort »Überregulierung« – in guten Zeiten nichts wissen will. Der übernahm erst die Kontrolle über Glitnir, dann über die Landsbanki – und damit die Schulden. Aber der isländische Staat konnte selbst kein Geld drucken lassen, die Schuldverschreibungen (hinter denen letztlich das Steueraufkommen einer Bevölkerung in der Größe Bochums stand) waren nichts mehr wert. Damit war auch die isländische Krone nichts mehr wert. Sie wurde abgewertet.

Obwohl der Inselstaat die Zahlungen auf dessen Staatsanleihen nicht einstellte (also anders als Russland 1998 noch zahlungsfähig war), spricht man heute vom Staatsbankrott Islands. Im Pleitefall stehen Staaten andere Möglichkeiten offen als Unternehmen oder gar Privatpersonen. Sie können noch Gesetze erlassen und Regeln in Kraft setzen. Islands Regierung führte Kapitalkontrollen ein, um den Geldfluss ins Ausland zu stoppen. Daneben bat sie unter anderem den Internationalen Währungsfonds IWF um finanzielle Unterstützung.

International wurden als Folge der Lehman-Pleite die regulativen Bremsen der Gelddruckmaschinen »Bank« nachjustiert. Wie genau diese Regeln aussehen, hat der Baseler Ausschuss für Bankenaufsicht (englisch: Basel Committee on Banking Supervision, BCBS) erarbeitet, ein 1974 gegründeter Zusammenschluss der Zentralbanken der zehn wirtschaftlich stärksten Staaten (G10). Dieser Ausschuss veröffentlicht in unregelmäßigen Abständen seine Beschlüsse, »Akkord« genannt. Der erste, »Basel I« von 1988, legt nur Mindestkapitalanforderungen für Banken fest. »Basel II« von 2004 führte noch einige qualitative Änderungen ein. Beispielsweise gewichtete er die Kapitalanforderungen nach den Risiken, die die Banken eingegangen sind. Unter dem Eindruck der Lehman-Pleite führte 2010 »Basel III« unter anderem ein, dass das risikogewichtete Eigenkapital einer Bank einen bestimmten Prozentsatz vom Eigenkapital nicht unterschreiten darf. Der ab 2017 veröffentlichte Teil mit dem offiziellen Namen »Finalising post-crisis reforms«, inoffiziell auch »Basel IV« genannt, stellt unter anderem noch einmal, wie es heißt, neue Anforderungen an die Qualität des Kernkapitals einer Bank.

Diese Regeln werden gewöhnlich in nationale Gesetze gegossen. Unter anderem Zentralbanken sollen über deren Einhaltung wachen, soweit die Theorie. In der Praxis gibt es allerdings Hürden, wie sich in Island zeigte. Kredite im Gegenwert fast des gesamten Eigenkapitals auszuzahlen, stellte einen Regelverstoß dar. Die isländische Zentralbank hätte eingreifen müssen, hatte davon aber nichts bemerkt. Ihre Mitarbeiter waren einfach zu inkompetent. Dumm? Der Untersuchungsausschuss der Europäischen Freihandelsassoziation EFTA formulierte es 2012 höflicher. Sie verfügten »nicht über ausreichende Sachkenntnis und Erfahrung zur Regulierung der Banken«.

»Nur Bares ist Wahres«: Zentralbankgeld, Buchgeld, Giralgeld, Fiatgeld

Viele Leute werden sich nach der Lehman-Pleite gesagt haben: »Nur Bares ist Wahres.« Warum eigentlich? Geld, dachte ich, ist doch dasselbe wie – Geld? Und dient die Beschränkung »Nur die Bundesbank darf Geldscheine drucken« nicht allein dazu, falsch von echt zu unterscheiden, sondern auch zu verhindern, dass zu viel Geld in Umlauf gerät? Ich zweifele. »Echt« heißt bei Geld lediglich, dass eine Banknote akzeptiert wird, unabhängig davon, wer sie gedruckt hat. Außerdem kann die Menge an Barem nicht die Menge an Geld sein, die sich in Umlauf befindet. Geschäftsbanken haben das Geld per Kreditzuteilung »auf den Markt geworfen«, es hat das bankeneigene Computerbiotop aber nie als Geldschein verlassen.

Dennoch scheint es einen Unterschied zu geben, ob eine Zentralbank (in Europa die Europäische Zentralbank) oder eine Wald-und-Wiesen-Geschäftsbank Geld herstellt. Handelt es sich also um dasselbe Geld? Glaubt man den Satz »Wenn etwas aussieht wie ein Stinktier und riecht wie ein Stinktier …«, muss die Antwort lauten: Ja. Denn egal von welcher Bank das Geld kommt, man misst es immer in Euro und Cent, US-Dollar und Cent, Renminbi Yuan und Renminbi Jiao oder in Rubel

Große Finanzkrisen

Die Finanzkrise in Florenz (1340er Jahre)

Der englische König Eduard III. konnte seine Schulden bei den Florentiner Bankhäusern Bardi und Peruzzi nicht zurückzahlen. Die Bankhäuser brachen zusammen, viele Sparer verloren ihr Geld.

Die Fugger-Krise im frühen 16. Jahrhundert

Jakob Fugger finanzierte die Wahl und Regierung des Habsburger Kaisers Karl V. Als die Rückzahlungen stockten, verlagerte sich die Finanzierung von großen, zentralen Bankhäusern zu dezentral ausgegebenen öffentlichen Schuldverschreibungen und Anleihen.

Die Panik von 1873

Mit dem Boom des Eisenbahnwesens lockerten Banken die Kreditvergabe. Am 9. Mai 1873 brach die Wiener Börse zusammen. Investoren verloren ihr Vertrauen in den Aktienmarkt, Investitionen nahmen ab. Einige Länder zogen sich aus dem internationalen Handel zurück und führten protektionistische Maßnahmen ein. Der Goldstandard der Währungen wurde gestärkt.

Ölkrise von 1973

Nach dem Jom-Kippur-Krieg verhängte die OPEC ein Ölembargo gegen die USA und einige europäische Staaten wie die Niederlande. In wenigen Monaten vervielfachte sich der Ölpreis. Die Produktionskosten stiegen, Konsumgüter wurden teurer, die Kaufkraft sank, das Wirtschaftswachstums verringerte sich. Es kam zu Entlassungen und Produktionskürzungen.

und Kopeken. Man kann sich auch (jedenfalls bis zu einem Höchstbetrag) genau das Gleiche dafür kaufen, egal ob man bar (also in Banknoten der jeweiligen Zentralbank) oder per Kreditkarte (also Schulden über neu geschaffenes Geld der Geschäftsbank) bezahlt.

Fragt man Ökonomen, ist die Antwort genauso eindeutig, aber genau entgegengesetzt: Nein. Es ist nicht dasselbe Geld. Ökonomen sprechen von Geldarten. Das Wort »Währung« nennen sie an dieser Stelle nicht. Eine Währung, vom mittelhochdeutschen *werunge* (Gewährleistung), ist ein gesamtes staatlich oder von einer Staatengemeinschaft (wie denen des Euroraums) hoheitlich geordnetes Geldwesen. Davon ist das Geld lediglich ein Bestandteil, wenn auch ein zentraler.

Die Geldart der Zentralbank nennen Ökonomen einfach **Zentralbankgeld**. Mit einem Auge im Gesetzbuch (Bundesbankgesetz, Paragraph 14: Nur die Bundesbank darf Banknoten ausgeben) zählen sie nicht nur das Geld in den Computern der Zentralbank dazu, sondern auch alles Bargeld. Der Kryptoeuro, sollte er einmal herauskommen, wird auch von der Europäischen Zentralbank herausgegeben. Er würde also ebenfalls zum Zentralbankgeld zählen.

Die Geldart der Geschäftsbanken nennen Ökonomen nicht analog Geschäftsbankgeld. Weil dieses Geld nur in den Geschäftsbüchern der Banken existiert, reden sie von **Buchgeld**. Häufiger noch ist die Bezeichnung **Giralgeld**, abgeleitet vom Lateinischen *gyrare* und dem italienischen *girare* für »drehen«. Dieses Geld dreht seine Runden in den verschiedenen Kreisläufen. Daraus hat sich das heutige Giro entwickelt. Im Bankwesen beschreibt man damit die Überweisung (»durch Giro weitergeleitet«), aber auch, dass ein Wechsel oder Ähnliches von einem Besitzer auf den anderen übertragen wurde: »Das

Papier ist auf der Rückseite mit einem Giro versehen.« Ebenfalls im Bankwesen leitet sich aus dem Giro die Bezeichnung für das Konto her, von dem man seine alltäglichen Ausgaben bestreitet, das Girokonto. Allerdings taucht das Giro auch außerhalb des Bankwesens auf, vom Radrennen Giro d'Italia bis hin zu Gyros, dem Fettfleisch vom Drehspieß.

Eine ähnliche Hierarchie wie zwischen Zentral- und Geschäftsbank findet sich auch zwischen deren Geldarten wieder. Da die Geldmenge, die Banken neu schaffen dürfen, unter anderem von ihrem Kontostand bei der Zentralbank abhängt, beruht auch der Wert ihres Giralgeldes auf dem des Zentralbankgeldes. Letzteres ist wiederum lediglich durch Absichtserklärungen der Bundesrepublik Deutschland abgesichert. (»Ja, ja, wir kommen den Verpflichtungen aus unseren Schulden nach.«) Deshalb beruht der Wert des Geldes insgesamt auf dem Bestand, der Ehrlichkeit und dem guten Ruf des jeweiligen Staats.

Beide Geldarten zusammen, das Zentralbank- und das Giralgeld, nennen Ökonomen **Fiatgeld**. Das hat nichts mit einer italienischen Automarke zu tun (Spitzname: »Elefantenrollschuh«) oder der veralteten Bezeichnung für eine Zustimmung (etwa: »Die Richtlinie wurde durch Fiat der Aufsichtsbehörde in Kraft gesetzt«). Im Zusammenhang mit Geld fußt »Fiat« auf dem Lateinischen für »es werde«, nämlich Geld (plus Wirtschaftswachstum, Friede und Glück).

Fiatgeld ist das Geld, von dem wir reden, wenn wir über Geld reden. Es genügt, wie eingangs gesagt, fünf verschiedenen Kriterien:

- Es wird von einem Staat gesetzlich als Zahlungsmittel fixiert.
- Man kann damit Schulden begleichen.

- Anders als Gold- und Silbermünzen ist Bargeld vom Material her nahezu wertlos.
- Neues Geld entsteht durch Kreditvergabe.
- Zentralbanken steuern die Geldpolitik beispielsweise über Zinssätze.

Auf den ersten Blick zählt Geld aller Währungen zum Fiatgeld. Jeder Staat hat seine Zentralbank, jeder Staat hat Gesetze und Verordnungen das Geld betreffend. Das gilt selbst für solche Währungen wie dem Ostkaribischen Dollar und dem Bahrain-Dinar. Die zugehörigen Zentralbanken haben aber kaum Einfluss auf die Geldpolitik, weil deren Wechselkurs direkt an den US-Dollar gebunden wurde. Ähnlich sieht es mit dem CFA-Franc aus, der Währung in ehemaligen französischen Kolonien Afrikas, der an den Euro gebunden wurde.

Anders stellt es sich beim **Kryptogeld** dar. Bitcoin, Ethereum und Geschwister sind kein Geld im herkömmlichen Sinn, obwohl unter anderem San Salvador und Brasilien den Bitcoin als offizielles Zahlungsmittel anerkannt haben. Dessen Wert richtet sich aber nur nach Angebot und Nachfrage des freien, ungeregelten Markts. (»Willste 'ne Zahl aus meiner Zählersoftware? Gib 'ne Zahl aus deiner Software.«) Eine Zentralbank für dieses Kryptogeld, die über Zinssätze, also über den Preis für neues Geld, die Nachfrage steuern kann, existiert nicht. Deshalb kann der Bitcoin – sollte es ihn jemals in bar geben – auch von keiner Zentralbank herausgegeben werden. Der Bitcoin gilt zwar als Geld einer neuen Art, aber sicher nicht als Fiatgeld.

Bevor ich mich wegen der Marseille-Wohnung mit meiner Finanzberaterin traf, hatte ich einen Kassensturz gemacht. Ich hatte auf mein Giro- und mein Sparkonto geschaut und addiert. Dann hatte ich mir meine Lebenshaltungskosten angesehen und ein bisschen abgezogen. Einen Rest wollte ich zur Sicherheit behalten, dann wusste ich zwar nicht auf den Euro genau über meine Situation Bescheid, aber es reichte. Hätte ich es ganz genau wissen wollen, hätte ich auch die paar Kröten im Portemonnaie dazugezählt, die Verbindlichkeiten dagegen weggelassen und gewusst: »So viel haste im Moment.«

Ich war wie einer dieser englischen Kaufleute im 19. Jahrhundert, von denen der Ökonom Walter Bagehot (1826–1877) schrieb. Sie »wissen, wie sie Geld zählen, aber nicht, was sie zählen«. Dabei sind die Definitionen von Buch- und Zentralbankgeld noch relativ eindeutig. Mit Kryptogeld kann man sich irgendwie anfreunden. Aber, um einmal ganz tief in die Frage einzusteigen, was ist mit den Sonderziehungsrechten (eine besondere Art der Schulden) des Internationalen Währungsfonds, IWF?

Wie jeder Alltagsbegriff (z. B. »Stuhl« als Sitzmöbel, Untersuchungs- oder Zahnarztstuhl beim Arzt, der Heilige Stuhl und der Stuhlgang) franst auch der des Geldes zu den Rändern hin aus. Grauzonen zeigen sich. Wenn Bankangestellte zählen, wie viel Geld es gibt, brauchen sie jedoch klare Kriterien. Statistiker der Europäischen Zentralbank legen davon zwei an. Als Erstes schauen sie auf den Mechanismus, wie Geld entsteht. Dabei stellen sie fest, dass Zentralbankgeld, der Kassenbestand der Geschäftsbanken und das von der Zentralbank herausgegebene Bargeld die Basis des Giralgeldes ist. Diese Geldmenge kürzen sie wie alle anderen mit dem Buchstaben M für »Money« ab und beginnen bei null zu zählen. Sie nennen alles Geld der Zentralbank M0 (M-null). Eine Statistik darüber, wie viel Geld dieser Art im Euroraum unterwegs ist, sucht man aber vergebens im Internet. Die üblichen Seiten statistischer Angaben sagen lediglich etwas über den Bargeldbestand aus. 2023: etwa 1,5 Billionen Euro, ein verschwindend kleiner Teil davon in meinem Portemonnaie.

Als Nächstes schauen Wirtschaftswissenschaftler auf die Geschwindigkeit, mit der man Geld ausgeben kann. Auszugeben bedeutet in diesem Zusammenhang nicht, wie schnell man Rechnungen bezahlt oder wie schnell die Bank mit ihrer Überweisung ist. Wichtig ist, wie schnell man das Geld, auch wenn es das eigene ist, in die Verfügungsgewalt bekommt. Wann hat man die Freiheit zu entscheiden, ob man damit fällige Kosten begleicht oder nicht.

Ganz schnell kann man Bargeld ausgeben. Die kleine Silwa lief mit ihrem Euro in den Supermarkt, griff sich eine Tüte saure Weingummis und legte an der Kasse den Euro in den Bezahlteller. Fertig. Genauso schnell kann man Geld von der Kreditkarte oder vom Girokonto ausgeben. Silwas Mutter Hanna hätte ihre Karte (oder das Smartphone mit Bezahlfunktion) auf das Lesegerät legen können – auch fertig. Überweisungen sind in Sekundenschnelle vom Konto abgebucht. Diese Menge nennt man M1. Sie umfasst auch die Geldmenge M0 und beträgt 2023 im Euroraum etwa elf Billionen Euro. Seit 1999 wächst diese Menge jährlich um eine halbe Billion Euro, stagniert aber seit 2021. Die Bevölkerung und die Wirtschaft Europas haben Anfang der zwanziger Jahre also tatsächlich weniger Geld für ihre alltäglichen Dinge zur Verfügung.

Manches Geld muss man erst kündigen, bevor man drankommt. Dazu zählt historisch das klassische Sparbuch mit Beträgen ab mehreren Tausend Euro. Anderes Geld ist mehrere Jahre festgelegt oder kann mit einer Frist von drei Monaten gekündigt werden. Von diesem Geld (Wirtschaftswissenschaftler sprechen von der Geldmenge M2, die sich aus den angelegten Beträgen plus der Geldmenge M1 zusammensetzt) besaß ich mit meinem Erbe einen (für meine Verhältnisse) ordentlichen Batzen der 15 Billionen im gesamten Euroraum.

Zudem gibt es weiteres Geld, das auf dem Geldmarkt investiert wurde. Dazu zählen Geldmarktfondsanteile und Geldmarktpapiere sowie Schuldverschreibungen bis zu zwei Jahren. Solche Anlagen muss man erst verkaufen, und es dauert eine Weile, bis man »flüssig« ist. Diese Geldmenge plus alle vorangegangenen nennen Ökonomen M3.

Ich muss gestehen, dass ich lachen musste, als ich das erste Mal von dieser Zählweise las. Klar, Geld sollte man ausgeben, nicht horten. Nur so kann es einem das Leben verschönern. Deshalb, dachte ich, schauen die Statistiker auf die Geschwindigkeit, mit der man das eigene kleine Vermögen in die Hand bekommt. Doch so klug die Idee daherkommt, so falsch ist sie. Die Unterscheidung hat einen tieferen Sinn.

Die Europäische Zentralbank strukturiert den Bereich »Geld« in der Gesellschaft. Da ist zum einen der Bereich, in dem Geld entsteht, wo es gemacht und geschöpft wird. Das sind die Geschäftsbanken, für die die Geldmengen M0 und M1 von Bedeutung sind. Daneben sieht die Europäische Zentralbank einen Sektor, in dem Geld gehalten wird (Geldmengen M2 und M3). Das sind zum einen Privathaushalte. Man versucht, sich einen Notgroschen beiseitezulegen. Den hat man aber nicht bar im Kleiderschrank versteckt, sondern auf einem Konto, Tages- oder Festgeld. Ähnlich handeln auch Unternehmen, die Rücklagen für Investitionen bilden.

Als Drittes spricht die Europäische Zentralbank von einem geldneutralen Sektor. Diese Bezeichnung ist wirklich missverständlich. Damit ist nicht die Zivilgesellschaft gemeint, die beispielsweise im Bereich Wohnen und Mieterschutz kostenlose Beratungen anbietet. »Geldneutralität« beschreibt überhaupt keinen Bereich, in dem Geld seinen Sinn verliert (beispielsweise der Wert der Arbeit, seine eigene Wohnung selbst zu putzen). Gemeint sind Werte, die sich in Geld umrechnen lassen, an die man aber nicht gut herankommt. Dazu zählen beispielsweise langfristige Investitionen wie die des Unternehmens Rheinmetall, in der Ukraine ein Munitionswerk aufzubauen. Dazu zählt auch eine Wohnung mit Meerblick in Marseille, weil auch die sich nicht von heute auf morgen verscherbeln lässt. Dachte ich.

Dieser Bereich ist für die Europäische Zentralbank deshalb interessant, weil er vollkommen unempfindlich auf geldpolitische Maßnahmen wie die Erhöhung des Leitzinses reagiert. Der einzige Bereich, der wirklich Veränderungen zeigt, ist der, in dem man das Geld hält. Tatsächlich haben sich hier die entsprechenden Geldmengen verschoben, nachdem die Leitzinsen nach Ausbruch des Ukrainekriegs stiegen.

Was nicht betrachtet wird, ist die Tatsache, dass Geld dazu neigt, sich in Mengen anzusammeln. Wo ein Euro liegt, fließt leichter ein zweiter hin. Wo zwei liegen, gesellen sich schnell drei weitere dazu, und die »erste Million«, wie man sagt, »ist die schwerste«. Allein dort, wo kein Geld ist, will auch kein Geld hin. Wie bewegt sich Geld?

Wirtschaftskreislauf

Ich wollte auf Nummer sicher gehen. Als ich meine Traumwohnung bezahlen musste, gab es noch keine Echtzeitüberweisungen (eingeführt am 21. November 2017 und bis zum 15. Juli 2020 auf 15 000 Euro begrenzt). Schon eine gute Woche vor dem Notartermin sprach ich mit meiner Hausbank. »Da machen wir eine Blitzüberweisung«, schlug ein Angestellter vor (gegeltes Haar, laute Stimme, passendes Aftershave). Aber, fuhr er fort und ich trat einen Schritt zur Seite, damit er mit einem Armschwenk auf eine Bürotür zeigen konnte, das dürfe nur die Filialleiterin machen. Die habe (»So ein Pech!«) jetzt Feierabend.

Am nächsten Tag bat mich die Filialleiterin (hochgewachsen, knochig, Jackett) in ihr Büro. Dort zog sie ein klassisches Überweisungsformular aus einer Schublade (gab es das überhaupt noch?), griff zum Kugelschreiber, füllte die kleinen Kästchen mit großen Blockbuchstaben aus und steckte das Papier in ein Faxgerät. Als die Maschine knackte und blitzte, dachte ich: »Aha.«

Das Ganze dauerte 15 Minuten, und die etwa zwölf Euro Überweisungsgebühr, also knapp 50 Euro Stundenlohn für die Leiterin einer Bankfiliale, erschienen mir nicht übertrieben. In der Aufregung hatte ich aber vergessen, etwas Bargeld vom Konto abzuheben. Das wollte ich abends am Automaten nachholen und kontrollierte nebenbei meinen Kontostand. So viel? Der Kaufbetrag war trotz Blitzüberweisung nicht abgebucht worden.

Dummheit, schrieb der Wirtschaftshistoriker Carlo M. Cipolla (1922–2000) sinngemäß in seinem Essay *Die Rolle der Gewürze und die Prinzipien der menschliche Dummheit* (1989), ist, mit dem kleinstmöglichen Aufwand den größtmöglichen Schaden anzurichten. Als ich am nächsten Morgen bei meiner Bank vorsprach (»Was ist denn hier schiefgelaufen?«), hatte mir derselbe Angestellte wie vom Vortag (»Blitzüberweisung? Das geht nur in Deutschland.«) mit einem »Tut mir leid, wir bekommen das nicht mehr rechtzeitig hin« den gesamten Kaufpreis für die Wohnung in bar in die Hand gedrückt: »Stecken Sie es gut ein!« Dann rief man mir ein Taxi zu einer anderen Bank (»Nein, die Fahrtkosten können wir leider nicht übernehmen.«), wo ich ebenfalls ein Konto besaß. Dort hatte ein Angestellter das Online-Überweisungslimit weiter heraufgesetzt, als ich selbst es damals durfte, und das Geld war ohne jeden Blitz und Fax und Zusatzkosten überwiesen. Mein Leben als philanthropischer Immobilienmogul konnte beginnen.

Die Möglichkeit, dass ich persönlich bankrottgehe, hatte ich im Kopf (»Musste ich Dödel unbedingt die Wohnung in Marseille kaufen?«). Aber wie real war sie? Dass eine einzelne Bank pleitegeht, kann auch passieren. Stichwort: Investmentbank Lehman Brothers, die isländischen Banken Glitnir und Kaupthing, auch die deutsche WestLB zum Beispiel. Dass so viele Banken pleitegehen, dass das ganze Geldsystem wackelt und mein ganzes persönliches Sparkonto trotz Sicherungsfonds weg sein kann (also vollkommen wertlos, weil eine Wirklichkeit durchbricht, in der Geld nur das ist, was es ist: Zahlen im Computer einer Bank), liegt nahezu außerhalb meiner Vorstellungskraft. Ich hatte es aber im Libanon erlebt, wo 2023 bei einer Inflation von über 100 Prozent die Banken nahezu den Betrieb eingestellt und sämtliche Kreditkarten und Bezahl-Apps auf den Handys ihre Funktion aufgegeben hatten. Geschäfte wurden nur noch in bar und am liebsten in US-Dollar abgewickelt. Nach der Lehman-Pleite stand die Welt vor einer ähnlichen Situation. Allein in Deutschland mussten unter anderem die Deutsche Bank mit Geld vom Staat gerettet und andere Banken wie die Hypo Real Estate komplett vom Staat übernommen werden. Für alle Banken Deutschlands gemeinsam kostete das Rettungspaket 400 Milliarden Euro an Bürgschaften und 80 Milliarden Euro an Beteiligungen. Das ist in etwa der Teil des Jahreshaushalts der Bundesrepublik Deutschland, über den der Bundestag entscheidet.

»Was habe ich mit Banken zu tun?«, hatte sich zu dieser Zeit eine Bekannte aufgeregt. Sie habe für ihr (wie es seit 2023 heißt) Bürgergeld lediglich ein Girokonto. Banken seien sowieso nur etwas für die Reichen, so die Tirade weiter, man solle das Geld für deren Rettung besser in den Sozialbereich stecken. Das (damals so genannte) Hartz IV würde nie reichen.

Tatsächlich zeigen Untersuchungen des Deutschen Instituts für Wirtschaftsforschung in Berlin, dass Empfänger von Bürgergeld in der Regel auf ihre geringen Ersparnisse zurückgreifen oder »aufstocken« (also gering entlohnt zusätzlich arbeiten) müssen, um über die Runden zu kommen. Doch ohne Banken wäre nicht nur die Herstellung von neuem Geld, sondern die ganze Infrastruktur hinter dem Geld zusammengebrochen. Weder Rechnungen und Miete hätten bezahlt, noch

Löhne, Gehälter und Transferzahlungen wie das Bürgergeld ausgezahlt werden können. Das gesamte wirtschaftliche und große Teile des gesellschaftlichen Lebens wären zusammengebrochen. Deshalb sprach die damalige Bundeskanzlerin Angela Merkel davon, dass Banken »systemrelevant« seien.

Banken müssen funktionieren, und sie müssen vier Aufgaben erfüllen. Da ist der Umtausch von Geld in andere Anlageformen wie beispielsweise Aktien. Zudem bewahren Banken Geld auf Konten auf (wo es sich – Euro zu Euro – ansammeln kann). Als Drittes verleihen sie Geld als Kredite und Darlehn (und stellen dabei neues Geld her), und viertens überweisen Banken Geld von einem Konto zum anderen (falls sie dazu in der Lage sind). Betrachtet man Banken vom Standpunkt der Volkswirtschaft aus wie das *Gabler Banklexikon*, liest es sich komplizierter. Aufgabe der Banken ist es demnach, einen »Liquiditätsausgleich innerhalb des dem Wertestrom der Sachgüter und Dienstleistungen entgegengerichteten Geldstroms durch die Transformation von Liquidität und durch Risikotransformation« zu gewährleisten.

Was das Lexikon als »Ströme« bezeichnet, ist ein verengter Blick auf konkrete Geschäfte und Bezahlvorgänge. Schaut man sich den weiteren Verlauf des Geldes an, entwickeln Ökonomen die Metapher vom »Kreislauf«, in dem Banken die Funktion von Pumpen einnehmen. Je nach Ansatz gehen sie dabei von zwei verschiedenen Modellen aus.

In der einen Vorstellung betrachtet man zwei **Geldkreisläufe**, den privaten und den öffentlichen. Der private fließt zwischen Haushalten und Unternehmen, etwa wenn Silwa im Supermarkt einen gefundenen Euro in Weingummis eintauscht. Der öffentliche verbindet staatliche Institutionen mit Unternehmen oder Privathaushalten. Dazu zählen die Finanzierung von Schulen und Universitäten, die Reparatur einer Straße und das Kindergeld. Dazu zählt auch, wenn man eine Strafe fürs Radeln auf dem Gehweg zahlt, die Mehrwertsteuer auf Silwas Weingummis, die Grunderwerbssteuer für die Wohnung in Marseille, die Einkommenssteuer.

Das andere Modell geht von vier Geldkreisläufen aus. Da ist zum Beispiel der Unternehmen-Banken-Kreislauf. Er beschreibt, wenn Unternehmen Kredite aufnehmen, um für mehr Weingummi oder Artilleriemunition neue Produktionsanlagen zu bauen. Der zweite, der Banken-Staat-Kreislauf, beschreibt, wie Banken zum Beispiel Staatsanleihen kaufen, die als Vermögen bei der Bundesbank hinterlegt werden, um eben das Geld für diese Kredite der neuen Produktionsanlagen intern abzusichern. Der dritte Kreislauf betraf mich mit meinem Wohnungskauf in Marseille. Er beschreibt die finanziellen Wechselwirkungen zwischen Privathaushalten (also mir) und den Banken (wie meiner damaligen Hausbank). Über den vierten Kreislauf zwischen privaten Haushalten und Unternehmen erzählt man sich einfache Geschichten, wie Geld (hier am Beispiel von Bargeld) seine Bahnen durch die Gesellschaft zieht. Eine dieser Erzählungen spielt (etwas abgewandelt) in einem Dorf namens – wie sollte es auch anders heißen – Geldheim. Diese Geschichte ist derart realitätsfern, dass sie getrost mit einem »Es war einmal« beginnen kann:

Es war einmal ein kleines Mädchen namens Silwa, das eines Tages mit ihrer ganzen Schulklasse einen Tagesausflug in ein Bilderbuchdörfchen namens Geldheim machte. Wie Kinder nun einmal sind, stürmten sie als Erstes den Dorfladen (der noch nicht von einem Supermarkt im Gewerbegebiet an der Autobahnauffahrt gefressen wurde) und kauften dort alle Vorräte an Weingummi auf. Draußen rissen sie die Tüten auf, stopften sich die Süßigkeiten kindgerecht in den Mund und warfen das Plastik achtlos auf den Boden.

Die Inhaberin des Ladens stand beim Nachhilfelehrer ihres Kindes tief in der Kreide. Schon seit Wochen hatte sie ihm kein Honorar mehr zahlen können: »Sorry, aber die Geschäfte gehen nicht gut.« Nachdem bei ihr jetzt die Kasse geklingelt hatte, rief sie ihn an: »Hol dir bitte das Geld ab, ich kann hier nicht weg.« Als der Nachhilfelehrer kam, bemerkte er das Plastik (»Was is'n das hier?«) und steckte sich das Geld der Ladeninhaberin ein. Anschließend rief er seinen Nachbarn an. »Hey, ich kann dir das Geld wiedergeben, dass ich dir für die alten Holzbretter schulde. Komm doch eben beim Dorfladen vorbei, dann begießen wir das Ganze mit einem Parkplatzbier.« Der Nachbar kam schnell herübergelaufen (»Muss das ganze Plastik hier rumfliegen?«) und steckte sich das Geld ein. Weil er aber letzte Woche schon ein paar Bier und mehr im Dorfladen hatte anschreiben lassen (»Sorry, ich hab das Geld für mein Holz noch nicht bekommen«), ging er hinein und bezahlte: »Da haste.« Dann meckerte der Nachbar noch, wie es so die Art der Menschen ist, die dem Alkohol zu sehr zugeneigt sind: »Muss es bei dir so dreckig aussehen?«

Die Inhaberin schimpfte in Gedanken: »'ne dicke Lippe riskieren und trotzdem auf Pump kaufen!« Dann sah sie: Der Nachbar kaufte noch ein Sixpack Bier. Das teilte er vor dem Laden mit dem Nachhilfelehrer. Zudem liefen da noch die Kinder herum, und die Lehrer sahen aus, als könnten sie einen Kaffee vertragen. »Wenn man vor dem Dorfladen ein paar Stehtische stellt und einen kleinen Ausschank einrichtet«, dachte die Ladeninhaberin, »könnte sich das rechnen.« Wenn da nicht so viel Müll herumliegen würde. Also trat die Ladeninhaberin vor die Tür und rief: »Kinder, ich gebe jedem einen Euro, der mit-

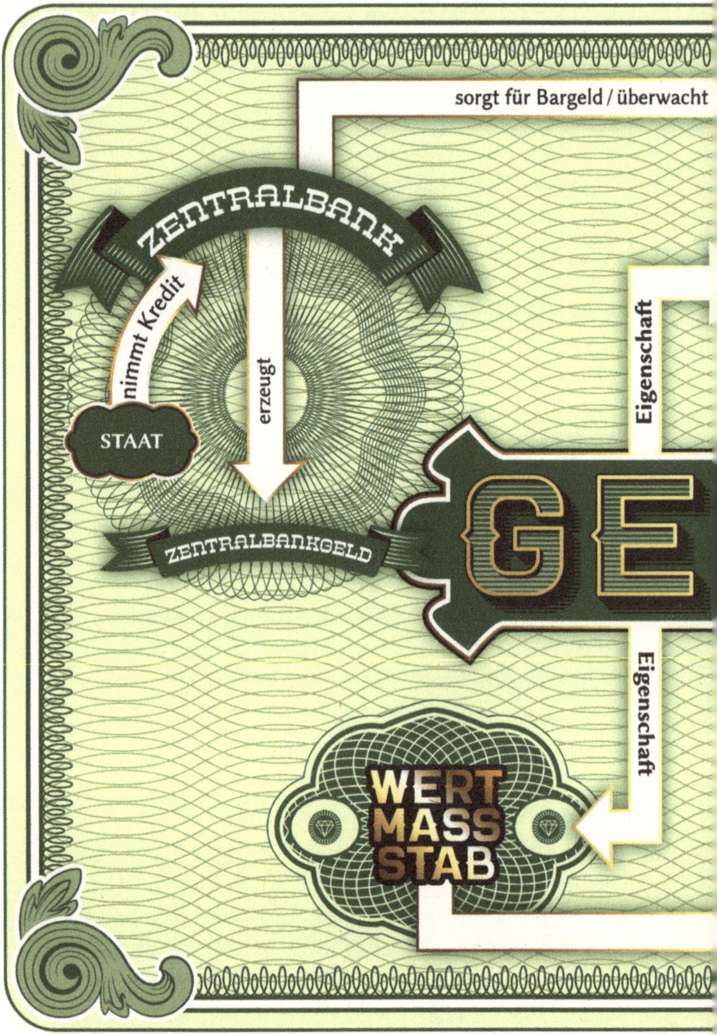

sorgt für Bargeld / überwacht
ZENTRALBANK
nimmt Kredit
erzeugt
STAAT
ZENTRALBANKGELD
Eigenschaft
GE
Eigenschaft
WERT
MASS
STAB

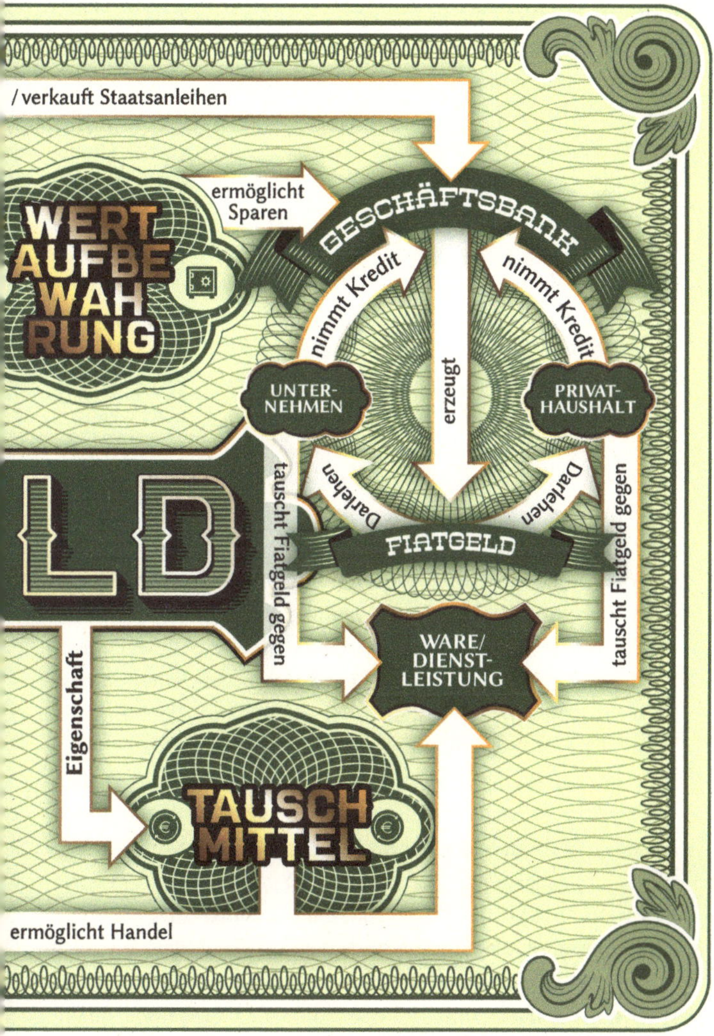
/ verkauft Staatsanleihen
ermöglicht Sparen
WERT AUFBEWAHRUNG
GESCHÄFTSBANK
nimmt Kredit
erzeugt
nimmt Kredit
UNTERNEHMEN
PRIVATHAUSHALT
Darlehen
Darlehen
FIATGELD
LD
tauscht Fiatgeld gegen
tauscht Fiatgeld gegen
WARE/ DIENSTLEISTUNG
Eigenschaft
TAUSCHMITTEL
ermöglicht Handel

hilft, das Plastik hier zusammenzusuchen.« Silwas Schulklasse kam und sammelte ihren Müll wieder ein. Weil jedoch im Laden die Weingummis ausverkauft waren (»Tut mir leid, Kinder. Nächste Woche wieder.«) steckten die Kleinen das Geld in ihre Taschen. Der Bus fuhr davon, in Geldheim waren alle Schulden bezahlt, und wenn sie nicht gestorben sind, dreht sich dieser Wirtschaftskreislauf bis heute.

»Vergleiche«, sagte einmal ein kluger Kopf, »sind wie Stanzen. Sie schlagen aus einer komplexen Wirklichkeit einfache Formen heraus. Dabei wird alles abgeschnitten und vergessen, was nicht in die Form hineinpasst.« So auch das Bild der Kreisläufe. Man kennt beispielsweise Heizkreisläufe. In der Therme setzt eine Pumpe (die Bank) das Heißwasser in Bewegung, schickt es durch die Rohre in die Heizkörper (Verbraucher), wo es seine Wärme abgibt und zurück in die Therme fließt. Nirgendwo sammelt sich Wasser an, nirgendwo fließt es ab, nur die Werte bleiben, jedenfalls in der Theorie. Leckt der Heizkreislauf doch einmal, ruft man den Installateur (Bankenaufsicht, Zentralbank, den Staat im Allgemeinen). Der repariert. Dann fließt das Geld wieder wie in Geldheim. Alle bezahlen, alle bekommen Geld. Niemand wird arm, niemand wird reich. Es wird lediglich umverteilt. In Geldheim gilt die Loanable-Funds-Theorie oder wie der frühere Wirtschaftsweise Peter Bofinger sagen würde: Hier dreht sich die Sonne um die Erde.

Das Einzige, was die Geldheim-Geschichte tatsächlich zeigt, ist, dass es einen Waren- und Dienstleistungsstrom gibt, der dem Geld entgegengesetzt fließt. Geld gegen Ware, Ware gegen Geld. Was sie nicht zeigt, ist, dass in der Realität die einen Menschen arm, die anderen reich werden. Geld fließt nicht im Kreis. Es sammelt sich irgendwo an (wie alle Ströme ins Meer fließen), und dafür kennt man lediglich die zugehörigen sozialen Risikofaktoren. Menschliche Schicksale von Obdachlosigkeit bis Superreichtum pendeln zwischen Arbeitslosigkeit, Scheidung, Wohnungsverlust an einem sowie Schenkung und Erbe am anderen Ende der Skala. Was müsste man am Geld ändern, so dass es sich nicht mehr ansammelte?

Fundierte Untersuchungen sind kaum zu finden. Im frühen 20. Jahrhundert schlug der spätere Finanzminister der Münchner Räterepublik Silvio Gesell eine Konstruktion vor, die er »Freigeld« nannte. Die Idee klingt simpel. Wenn Geld nur für begrenzte Zeit seinen Wert behalten würde, um ihn dann sukzessive zu verlieren, würde es vermutlich niemand mehr horten. Man würde es investieren. Unterlägen Investitionen wie Geschäftsbeteiligungen ähnlichen Regeln, müsste man neu kalkulieren: Lohnt es sich, Geld zum nahezu ausschließlichen Maßstab des Geschäftserfolgs zu machen?

In der Geschichte wurde Freigeld nur eng lokal getestet, etwa in der Tiroler Stadt Wörgl und auf der Kanalinsel Guernsey. Ob man solche Experimente auf einen Staat oder den Staatenbund der Eurozone »hochskalieren« kann, müsste näher untersucht werden. Zudem würde Freigeld nur Geldvermögen verhindern, aber keinen Reichtum. Selbst ich als verhinderter Immobilientycoon hatte den größten Teil meines damaligen Vermögens investiert und nicht als Geld auf dem Sparbuch.

Dasselbe gilt vermutlich auch für die reichsten Deutschen, deren Namen man kennt. Im Ranking der deutschen Milliardäre führt 2024 laut der Zeitschrift *Forbes* der Inhaber des Logistikkonzerns Kühne + Nagel, Klaus-Michael Kühne. 39,2 Milliarden Dollar. Auf Rang zwei liegt der Inhaber der Schwarz-Gruppe, die unter anderem die Discounterketten Lidl und Kaufland betreibt, Dieter Schwarz. 38 Milliarden Dollar. Dann folgen Reinhold Würth (Montagetechnik, 33,6 Milliarden Dollar), Stefan Quandt (Hauptaktionär der Management-Holding Delton, 27,3 Milliarden Dollar) und Susanne Klatten (BMW, 26,5 Milliarden Dollar). Die Vermögen der Plätze sechs, sieben und neun gehen direkt auf Nachkommen der Brüder Theo und Karl Albrecht (Aldi Süd und Nord) zurück, und die Ränge acht und zehn auf Geschäftsleute aus dem Bereich Software- und Computertechnik.

Anders als vom Bettler vor dem Supermarkt (bei mir eine Frau namens Denise) kennt man auch die Namen der reichsten Menschen der Welt. Elon Musk, Bernard Arnauld, Jeff Bezos, Larry Ellison, Warren Buffett und Mark Zuckerberg belegen (in wechselnder Reihenfolge) um 2024 die Plätze eins bis sechs. Weniger bekannt ist, was Elon Musk mit seinem Vermögen anstellen könnte. Für ein Hörfunkfeature (Südwestrundfunk: *Die Macht des Geldes*) hatte ich 2022 nachgerechnet. Er könnte

> einen wesentlichen Beitrag leisten, die weltweite Unterernährung zu beenden sowie Polio und Malaria auszurotten. Das Geld reicht auch noch, um die medizinischen Schulden aller US-Amerikaner zu begleichen plus alle 20 Vereine der englischen Premier League und die teuerste Jacht der Welt zu kaufen. Selbst dann könnte Elon Musk noch jeden Chinesen auf einen »Big Mac« und jeden Briten auf ein Bier einladen. Die Rolling Stones könnten zu dieser Riesenparty ein Privatkonzert geben – ebenfalls von Musk finanziert. Trotzdem bliebe ihm mehr Geld übrig als das Bruttosozialprodukt von Jamaika: 16 Milliarden US-Dollar.

Geld sprudelt aus Geschäftsbanken hervor und bewegt sich von Hand zu Hand, von Konto zu Konto. Das suggeriert, dass das Geld überall vorbeifließt, bei jedermann und jederfrau, und dass sich jeder ein Stück vom Geldfluss abzweigen kann. Tatsache ist aber, dass sich Geld zwangsläufig irgendwo wieder ansammelt und am Ende wenige Menschen nahezu obszön reich macht. Die Frage ist nun, wie es zu dieser eklatanten Ungleichheit kommen kann. Aber erst: Wie bewegt sich Geld realistisch betrachtet aus dem Computer der einen Bank in den Computer einer anderen Bank?

Die Infrastruktur hinter dem Geld

Die Statistiker der europäischen Zentralbank zählten im zweiten Halbjahr 2023 im Euroraum knapp 71,2 Milliarden erfolgreiche Überweisungen, zusammen mit Bankeinzug und anderen Transfers, im Wert von 111,4 Billionen Euro. Nur: Dieses Geld der Banken existiert lediglich in deren Computern. Wenn jetzt Geld von einer Bank zur anderen geschickt wird, müssen beide zusammen die Zähler ihrer Software verstellen. Anzunehmen, dass beide Computer synchronisiert sind, dass also eine Bank der anderen einen derart tiefen Blick in deren Geschäfte öffnet, ist Unsinn. Vielmehr arbeiten die Computer unabhängig voneinander. Die Gefahr besteht, dass eine Bank die Zähler etwas zu ihren Gunsten verdreht.

Diese Gefahr ist real, wie der Wirecard-Skandal zeigt. Am 25. Juni 2020 ging der Finanzdienstleister Wirecard mitsamt seiner Bank pleite. Das Vorstandsmitglied Jan Marsalek flüchtete vermutlich nach Russland (er soll für den dortigen Geheimdienst gearbeitet haben), der Vorstandsvorsitzende Markus Braun wurde wegen verschiedener Delikte wie bandenmäßiger Betrug, Bilanzfälschung und Untreue vor Gericht gestellt.

Selbst Jahre später ist noch unklar, ob 1,9 Milliarden Euro auf Wirecards Konten erfunden wurden (»Ich fummele mal am Geldzähler. Merkt ja keiner.« – »Ja, ist schon okay.«) oder ob sie tatsächlich existierten, was immer das bezogen auf Geld bedeutet. Wollte sie sich jemand gemäß Bertolt Brechts Satz aus der *Dreigroschenoper* als Sonderbonus abzweigen? »Was ist ein Einbruch in eine Bank gegen die Gründung einer Bank«?

Der Geldtransfer von Bank zu Bank braucht eine Kontrolle. Ein kompliziertes Verfahren wurde entwickelt, das an das Vieraugenprinzip erinnert, mit dem die Verwaltung an korruptionsanfälligen Stellen arbeitet. Dort bearbeitet nicht nur ein einzelner Mitarbeiter eine Akte, sondern mindestens zwei, die sich (im Idealfall) gegenseitig kontrollieren (sofern sie nicht zusammenarbeiten). Entsprechend bedingt der Geldtransfer zwischen Banken, dass nicht nur Sender und Empfänger in das Verfahren eingebunden sind, sondern mindestens drei Parteien. Die abschickende und die empfangende Geschäftsbank sowie eine Zentralbank. Hinzu kommt eine weitere Institution als Schnittstelle zwischen den Geschäfts- und Zentralbanken, eine Clearingstelle wie zum Beispiel die Wirecard AG, aber auch – seriöses Beispiel – die **SEPA Clearing**. Doch konkret.

Als ich die Wohnung in Marseille bezahlte, schickte ich wie die meisten Menschen in Europa das Geld als SEPA-Überweisung zum dortigen Notar. SEPA (eine Abkürzung für »Single Euro Payments Area«) beschreibt eine Weltgegend, in der man bestimmte standardisierte Überweisungen machen kann. Zur SEPA-Region zählen die 27 Staaten der Europäischen Union sowie weitere Länder wie Norwegen, Island und – selbst nach dem Brexit – Großbritannien.

Für meine (auf diese Weise standardisierte) Marseille-Überweisung füllte der Angestellte der zweiten, der fähigen

Bank (bunter Schlips, kein Aftershave, leise Stimme) ein ähnliches Formular aus wie die Filialleiterin der unfähigen, nur online. In die erste Zeile schrieb er eine internationale Bankkontonummer (englisch: International Bank Account Number, IBAN). Die zweite wurde online automatisch ausgefüllt und enthält einen Business Identifier Code (vormals: Bank Identifier Code: BIC). In die dritte Zeile kam der Betrag (der Angestellte: »Wow! Das ist günstig!« Ich nickte stolz.) und in die vierte ein Betreff. Etwa: Wohnung in Marseille mit Meerblick.

Ist die Überweisung rausgegangen, schickt die Senderbank die Information »Da kommt Geld« an die Empfängerbank. Diese Information ist fast so gut wie das Geld selbst. Die Empfängerbank weiß nun, dass man Geld transferieren will. Diese Information (»Nehmt bitte einen doch ansehnlichen Betrag von meinem Konto«) schickt die Senderbank parallel an eine im Hintergrund arbeitende Institution, eine Clearingstelle, bei der die Banken eigene Konten unterhalten. Im SEPA-Raum kann das eine Tochterfirma der Europäischen Zentralbank sein, die bereits erwähnte SEPA Clearing.

Bei einer Clearingstelle werden die Überweisungen gesammelt und gegeneinander verrechnet. Wie viel schickt die Senderbank über den Tag und wohin, wie viel bekommt sie und von wem. Diese Beträge werden hier nach Soll und Haben abgeglichen und die Kontostände entsprechend angepasst. Im nächsten Schritt schickt die Clearingstelle die Informationen über den letztlich zu zahlenden Betrag an die jeweilige nationale Zentralbank, grenzüberschreitend im Euroraum an die Europäische Zentralbank.

Geschäftsbanken haben auch bei den Zentralbanken eigene Konten. Hier wird nicht mehr nur die Information »Du kriegst

Geld«, sondern tatsächlich das Geld bewegt (in ein und demselben Computersystem werden also Zahlen hin- und hergebucht, also verrechnet). Die Zentralbank bucht jetzt die Restbeträge vom Konto der Sender- aufs Konto der Empfängerbank. Die Empfängerbank bekommt wieder eine Nachricht, »Das Geld ist auf eurem Zentralbankkonto angekommen«, die Senderbank entsprechend, dass Geld abgezogen wurde. Nun werden bei den Sender- und Empfängerbanken die Zahlen neu eingestellt. Das Geld ist jetzt gutgeschrieben beziehungsweise bezahlt. Im letzten Schritt bucht die Empfängerbank ihrerseits den Betrag aufs Empfängerkonto (in meinem Fall: das Konto des Notars in Marseille) und – fertig. Das Geld für die Marseille-Wohnung war jetzt überwiesen, der Kaufvertrag für meine Traumwohnung konnte unterschrieben werden.

Bemerkenswert an diesem Vorgang ist, dass sich das Zentralbank- und das Giralgeld nicht durchmischen. Die Geschäftsbanken buchen Giralgeld hoch und runter (je nach Empfänger- oder Senderbank), erzeugen oder vernichten in ihren Computern also Geld. Das einzige Geld, das tatsächlich »bewegt« (umgebucht) wird, ist das Zentralbankgeld. Damit bleiben beide Geldsorten auf eine Weise getrennt, dass das Zentralbankgeld (also dasjenige, auf dem letztlich der Staat die Hand hat) das Fundament für alles Giralgeld bildet und letztlich dessen Wert bestimmt.

Kein Wunder, dass ich angesichts dieser Prozedur, Geld zu schicken, nervös war, ob der Betrag für die Wohnung rechtzeitig in Marseille eintreffen würde. 2024 dauert dieser Vorgang einen Arbeitstag. Die Definition von »Arbeitstag« ist dabei nicht ganz klar. Einige Banken orientieren sich an den kurzen Öffnungszeiten aus einer Zeit, als Bankangestellte noch Respektspersonen und keine Rationalisierungsopfer waren.

16:00 Uhr und Schluss. Dieses »Leider erst Morgen, da machen wir das« hat einen bankseitigen Vorteil: Sie legen die Beträge, über die sie eigentlich die Verfügungsgewalt abgegeben haben müssten, über Nacht gewinnbringend an oder deponieren die Beträge bei der Bundesbank oder der Europäischen Zentralbank. Dafür kassieren sie (oft auch in Zeiten des Niedrigzinses) Geld. Dass sie Negativzinsen zahlen müssen (also Geld dafür abgeben, die Beträge über Nacht bei der Zentralbank zu parken), ist eher selten. Man kann davon ausgehen, dass sich übers Jahr gesehen ein einträgliches Zusatzgeschäft ausbildet, weil sich diese Beträge von Tag zu Tag vermutlich kaum ändern. So hat die Bank ein dickes Finanzpolster, dessen Verfügungsgewalt sie hätte längst abgeben müssen.

Allerdings wächst den Banken schon seit Jahren eine Konkurrenz heran: Fintechs. Sie ermöglichen Überweisungen innerhalb weniger Sekunden. Deshalb hat das Parlament der Europäischen Union am 7. Februar 2024 die Verordnungen mit den eingängigen Namen Nr. 260/2012 und (EU) 2021/1230 geändert, die den Überweisungen im SEPA-Raum zugrunde liegen. Ab Herbst 2025 dauert es nur noch maximal zehn Sekunden, bis die Euros von einem aufs andere Konto geschickt sind, 24 Stunden am Tag, an sieben Tagen die Woche. Die einzige Voraussetzung ist, dass Euro überwiesen werden. Für Nicht-Euro-Währungen innerhalb der Europäischen Union gibt es mehrjährige Übergangsfristen.

Schaut man auf die Prognosen, die diese Umstellung auf Überweisung im Sekundentakt mit sich bringt, fehlen zwei Aspekte. Nicht erwähnt sind Abschätzungen über Verluste der Banken, die liegengelassene Überweisungen nicht mehr verzinst bekommen. Außerdem sucht man vergebens nach Analysen, ob und wie sich das Verhältnis von Sofortüberweisungen zum Bargeld verändern wird. Stattdessen beherrschen wieder einmal Kindergeschichten die Diskussion. Der Berliner *Tagesspiegel* fabulierte am 10. Februar 2024 von Flohmarktkäufen, die per Überweisung sofort bezahlt werden könnten. Ein Szenario, bei dem augenblicklich die Phantasie spazieren geht:

»Ist das ein Sauwetter. Was kosten denn diese Teller?« – »Gib 'nen Fünfer.« – »Und wenn ich die Löffel dazu nehme?« – »Acht.« – »Sieben?« »Ok.« – »Ich überweise es dir.« Anstelle meines Portemonnaies nehme ich mein Handy und ziehe zur Zwei-Geräte-Authentifikation ein Notebook aus dem Rucksack. Darauf tippe ich mit verregneter Brille (»Ich geh mal kurz in den Eingang, um mich unterzustellen.«) eine gefühlte Ewigkeit. Dann komme ich zurück: »Gib mal.« Aber der Verkäufer will erst den Geldeingang kontrollieren: »Lisa, wo haste denn das Notebook? – »Das – was?« »Den Compu-hu-ter!« Er kramt das Ding aus einer Reisetasche, geht zum selben Hauseingang, um sich unterzustellen, und tippt ebenfalls eine gefühlte Ewigkeit. Währenddessen frage ich mich, wie realitätsnah solche Geschichten sind.

Bei Überweisungen über den SEPA-Raum hinaus übernimmt beispielsweise die 1930 in Basel gegründete **Bank für Internationalen Zahlungsausgleich (BIZ)** die Rolle der Zentralbank. Deshalb nennt man sie manchmal auch Zentralbank der Zentralbanken. Damit sind die Beteiligten in denselben Rollen versammelt, und der Prozess, Information an eine Clearingstelle zu schicken (hier zum Beispiel an die SWIFTNet Clearing) und dann das Geld umzubuchen, schließt den Banken-Banken-Kreislauf.

In ähnlichen Bank-Bank-Geldkreisläufen laufen nahezu alle Überweisungen ab. Die Stationen sind immer wieder dieselben. Senderbank, Clearingstelle, Zentralbank (wo letztlich umgebucht wird, also der eigentliche Transfer stattfindet) und die Empfängerbank.

Die technische Grundlage stellt eine Gesellschaft für Interbankenfinanztelekommunikation zur Verfügung, bekannter als die »Society for Worldwide Interbank Financial Telecommunication« (SWIFT) mit Sitz in La Hulpe, 20 Kilometer südlich von Brüssel, Belgien. Diese 1973 gegründete Genossenschaft hat die Aufgabe, ein sicheres Netzwerk für standardisierte Finanzinformationen von knapp 9000 Banken in etwa 190 Staaten und Gebieten der Welt zu betreiben.

Eine Kontrolle, dass niemand unberechtigterweise an den Konten gedreht hat, findet unter anderem zwischen der Zentralbank und den Geschäftsbanken statt. Ihre Guthaben dort sind nicht nur Geld, sondern als Summe auch eine wichtige Kennziffer, in welchem Umfang sie Bankgeschäfte betreiben dürfen. Geld der Zentralbank ist für die Geschäftsbanken in etwa das, was der Sprit für SUV-Fahrer ist – oder für Alkoholiker. Zentralbanken beaufsichtigen gleichzeitig auch die privatwirtschaftlich Arbeitenden. Sie sind also so etwas wie Sozialarbeiter, die aufpassen, dass nicht zu oft getankt wird.

Bei internationalen Überweisungen stellt sich die Frage der Währung. Da ist zum einen das Problem, dass verschiedene Währungen unterschiedlichen Wert und unterschiedliche Inflationsraten haben. Die libanesische Lira verliert 2023 im Lauf des Jahres die Hälfte an Wert. Man sollte sie nicht zu lange auf seinem Konto liegenlassen, schon gar nicht im Libanon selbst, wo 2023 das Bankensystem kollabierte. Andere Probleme stellen sich beim Ostkaribischen Dollar, der auf St. Lucia, Grenada und sechs weiteren Inseln das offizielle Zahlungsmittel ist. Oder bei der Macau-Pataca, dem mongolischen Tögrök, dem usbekischen Sum oder einer anderen der etwa 180 international anerkannten Währungen weltweit. Oft schickt man nicht die eigene, sondern eine Referenzwährung. Die Entscheidung, welche, war schon 1944 mit dem Währungssystem von Bretton Woods getroffen worden. Ankerwährung sollte der US-Dollar sein, der damals wiederum an einen Goldpreis von 35 US-Dollar pro Feinunze und heute an den guten Ruf der USA gebunden ist.

Nach Angaben der Bank für internationalen Zahlungsverkehr ist der US-Dollar an knapp neun von zehn Transaktionen beteiligt. Unternehmen, die bei ihrem Handel Währungsgrenzen überschreiten, brauchen US-Dollar. In der Regel besorgt sie der Staat, der sie dann an die Unternehmen weiterreicht. Der Prozess ist wieder derselbe wie auf nationaler Ebene. Die jeweiligen Staaten kaufen Anleihen, in diesem Fall US-Anleihen, Schuldscheine der USA. Faktisch leihen sie damit den USA Geld, und diese Beträge werden ihnen direkt in US-Dollar gutgeschrieben. Deshalb können sich die USA bis über beide Ohren verschulden. 2023 schieben sie einen Minusbetrag von über 120 Prozent ihres Bruttosozialprodukts vor sich her, zu dem bis 2028 prognostiziert jährlich zwischen fünf und acht Prozent des Haushalts hinzukommen.

»Der US-Dollar ist unsere Währung, aber euer Problem«, hatte 1971 der damalige US-Finanzminister John Connally gesagt. Kein Wunder, dass sich in den vergangenen Jahrzehnten Alternativen entwickelten, Geld zu verschicken. Beispielsweise baut China ein Parallelsystem zu SWIFT auf. Es heißt **CIPS** (Cross-Border Inter-Banking Payment System) und hat eine identische Struktur wie SWIFT (nur dass die chinesische Währung Renminbi Yuan die Rolle des US-Dollars einnimmt). Es nahm Anfang Oktober 2015 den Betrieb auf, und Brasilien hat eine entsprechende Clearingstelle aufgebaut. Seitdem hat sich der Anteil des Renminbi Yuan am internationalen Zahlungsverkehr fast verdoppelt, liegt aber immer noch weit abgeschlagen hinter dem US-Dollar, Euro und dem britischen Pfund im unteren einstelligen Prozentbereich.

Klar ist, dass bei diesen Überweisungen riesige Datenmengen anfallen. Unabhängig davon, ob ich Geld nach Marseille schicke, ein Vorstandsmitglied eines DAX-Konzerns Rechnungen für eine Produktionsstätte für Artilleriemunition in der Ukraine bezahlt, der Angestellte eines Staatsfonds einen millionenschweren Aktiendeal abschließt oder Silwas Mutter Hanna ihre Miete bezahlt. Man kennt immer die Adressen von Absender und Empfänger, den Überweisungsbetreff sowie Ort und Zeit der Überweisung.

Seit man technisch in der Lage ist, solche Datenmengen zu bearbeiten, wecken sie Begehrlichkeiten. Wer welche Daten bekommt, hat die Europäische Union mit den USA in einem völkerrechtlich verbindlichen Vertrag festgelegt, dem SWIFT-Abkommen. Dennoch kann man 2024 nicht genau sagen, wann welche Angaben wohin fließen. Bekannt ist lediglich, dass die USA nach den Anschlägen vom 11. September 2001 (mit, wie es heißt, mäßigem Erfolg) ein »Terrorist Finance Tracking Program« auflegten, durch das sie Terroristen anhand ihrer Geldströme enttarnen und identifizieren wollten. In diesem Zusammenhang hatten sie auch Zugriff auf rein innereuropäische Überweisungsdaten, wie die *Süddeutsche Zeitung* am 17. Mai 2010 berichtete.

Ganz anders ist das in islamischer Tradition stehende **Hawala-System**. Will jemand Geld senden, geht er zu einem ihm bekannten Hawala-Agenten und übergibt ihm den entsprechenden Betrag. Im Gegenzug bekommt er einen Code. Den schickt der Agent an einen Kollegen am Empfangsort und der Absender des Geldes an den Empfänger. Im letzten Schritt geht der Empfänger zum dortigen Hawala-Agenten, nennt den Code und bekommt das Geld ausgezahlt. Wenn nicht, schaut man entweder (wie man sagt) in die Röhre oder hat gute Druckmittel, die Auszahlung zu erzwingen.

Die Staaten reagieren unterschiedlich auf den Geldtransfer ohne Datenspur. In vielen Staaten müssen die Hawala-Agenten bestimmte Daten aufzeichnen. In anderen wie zum Beispiel Indien und Deutschland ist er vollständig verboten. Hierzulande gilt das gesamte Hawala-System als eine einzige Finanztransfergesellschaft, die nach einem Urteil des Bundesgerichtshofs vom 2. Juni 2021 als kriminelle Vereinigung eingestuft ist.

Die dritte Variante, Geld zu verschicken, ist erst zum Millenniumwechsel entstanden. Das Stichwort hier lautet **Kryptowährung**. Verschiedene Zentralbanken der Welt (unter anderem die Europäische Zentralbank) entwickeln Konzepte, ihre jeweilige Währung in Kryptoversionen herauszubringen. Das Krypto leitet sich nicht vom Kryptischen her, das diese Währung umgibt, sondern von einem kryptographischen Verfahren, Blockchain genannt, das im Hintergrund arbeitet. Eine Blockchain ist, grob gesagt, eine Technologie zur Speicherung und Übertragung von Daten, die chronologisch zu einer Kette aneinandergereiht und anschließend verschlüsselt werden.

Will man Kryptogeld überweisen, muss man das als Information in die Blockchain hineinschreiben. Zum Beispiel »Geld geht zum Notar nach Frankreich«. Das geschieht in mehreren Schritten. Als Erstes braucht jeder, der mit dieser Art erzeugten Geldes hantiert, eine elektronische Geldbörse, neudeutsch »Wallet«. Die ähnelt einem Bankkonto mit E-Mail-Adresse. Nun muss man in ein Formular eintragen: »Kaufbetrag bitte an

Die erste und bis heute berühmteste Kryptowährung: Bitcoin

die Adresse des Notars schicken«. Dann geht diese Transaktion an ein Netzwerk verschiedener Computer. Dort wird das Geschäft bestätigt und in einen Informationsblock hineingeschrieben. Dieser neue Informationsblock »Geld ist verschickt« wird der Kette vorangegangener Informationsblöcke, der Blockchain, zugefügt und verschlüsselt. Dann ist die Überweisung abgeschlossen. Der Notar kann in seiner elektronischen Geldbörse, der Wallet, auf das digitale Geld zugreifen.

Für Sender und Empfänger ähnelt die Überweisung dem Verschicken einer E-Mail und funktioniert ähnlich schnell. Hätten sich zum Zeitpunkt, als ich mich für die Wohnung in Marseille interessierte, Kryptowährungen wie Bitcoin, Ethereum oder Ripple durchgesetzt, oder hätte die Europäische Zentralbank bereits einen Kryptoeuro herausgegeben gehabt, hätte ich dem Mitarbeiter meiner Hausbank samt Filialleiterin auf deren Vorschlag »Blitzüberweisung« hin den Stinkefinger gezeigt.

Noch ist unklar, ob die Entwicklung tatsächlich in Richtung »Kryptowährung der Zentralbanken« geht. Die Federal Reserve Bank in den USA, die Fed, ist sich 2024 noch uneins über den Sinn und Unsinn eines Kryptodollars. In der Europäischen Union scheint die Entscheidung dagegen gefallen zu sein. 2022 hatte sich die Chefin der Zentralbank Christine Lagarde positiv über die Einführung eines Kryptoeuros geäußert, der wie Bargeld herausgegeben werden soll. Der chinesische Staatspräsident Xi Jinping hatte 2019 verkündete, dass China im Bereich der Blockchain-Technologie führend werden wolle. Aber was genau die chinesische Zentralbank (»People's Bank of China«) einführen wird und wie die digitale Währung genutzt werden soll, ist unklar. Gleiches gilt für die Frage, welche Absichten die People's Bank of China mit dieser Währung verfolgt und wie sich ihre Aktivitäten in die strategischen Pläne der chinesischen Regierung einfügen.

Menschen

Geld so leicht wie eine E-Mail (oder innerhalb weniger Sekunden per Überweisung) zu verschicken, war ein Traum, als ich die Wohnung in Marseille kaufte. Nach etlichen Versuchen hatte ich endlich den Notar ans Telefon bekommen. Ob der Termin auch stattfinden könne, wenn ich die Überweisung zwar belegen könne, das Geld aber noch nicht angekommen sei. »Nein!« Als ich einige Tage später sein Büro betrat, sagte er (leicht mehrgewichtig, überlegen lächelnd): »Glück gehabt.« Dann wurden Verträge unterschrieben, ein Gläschen Sekt gereicht, schon war ich stolzer Besitzer einer Wohnung in Südfrankreich.

Die Wohnung selbst war für mich (wie die Weingummis für Silwa) unbezahlbar. Wie das ukrainische Mädchen ließ auch ich es meine Umwelt spüren: »Ich hab mir was in Südfrankreich zugelegt«, sagte ich wie nebenbei zu einem Kollegen (den ich nicht mochte). Und zu einem zweiten, sympathischen: »Klar kannste rein.« Als dann die ersten Steuerbescheide eintrudelten (zwei verschiedene Grundsteuern, Leerstandssteuer, Steuer, weil der Eigentümer im Ausland lebt, Einkommenssteuer) und ich vom französischen Finanzamt in einen Zahlungsverkehr (Steuerrückzahlung) per Scheck hineingezogen wurde (hängt mangels eines französischen Girokontos heute noch uneingelöst an meiner Wand), merkte ich, dass ich schnell vermieten musste. Ohne Zusatzeinkommen würde mir mein »rentables Investment in den französischen Immobilienmarkt« (Maklerdeutsch) die letzten Haare vom Kopf fressen.

Ich befürchtete, an meinem Besitz pleitezugehen. Damals hatte ich noch ein Alltagsverständnis von Geld. Man bekommt es oft als Gehalt oder Lohn. Einiges geht als Haushaltsgeld drauf, einen anderen Teil legt man als Spar- oder Notgroschen zur Seite. Wächst das Gesparte über ein gewisses Maß, wird es plötzlich zu Spielgeld, zu Kapital, das investiert werden will. Doch bevor man darüber spricht, redet man über Erektionsprobleme und Orgasmusschwierigkeiten.

»Der Wert ihrer Wohnung ist ordentlich gewachsen«, sagte eines Tages der Makler zu mir, den ich auch mit der Vermietung beauftragt hatte. Den geträumten Roman hatte ich noch nicht angefangen. Aber ich verrenkte mir noch immer gern den Hals, um vom Fenster aus einen Zipfel des Mittelmeers zu erhaschen. Ich überlegte. Verkaufen?

Den Wert meiner Wohnung in Euro und Cent auszudrücken wird oft als dasselbe gesehen, wie die Wohnung für diesen Betrag auch loszuwerden. Im Alltag reduziert man Geld häufig auf seine Funktion als Tauschmittel. Für mich gehört es jedoch zur persönlichen Integrität, andere Werte (in einer Wohnung mit Meerblick zu träumen) über meinen (monetären) Vorteil zu stellen, also nicht nur aufs Geld zu schielen. Ich will nicht alles und jeden nach seinem (Waren-)Wert berechnen. Ich wollte meine Wohnung weder abgeben noch sie »hinsichtlich bestimmter Renditeziele auswerten« (Maklerdeutsch). Der Geldwert dieser Wohnung war mir genauso egal wie die Miete, die ich dafür verlangen konnte. Hauptsache, ich selbst kam irgendwie über die Runden.

Diese Seite von mir hatte ein (mir unsympathischer) Kollege (kurzgeschorene Haare, Figur »Fitnessstudio«, zu weiße Zahnimplantate) nie verstanden. In einem Café (aufstrebende Dreißigjährige in tiefen roten Polstersesseln, Laptops auf Knien, Kaffee im Pappbecher auf runden Tischen) machten wir ein Gedankenexperiment: »Stell dir folgende Situation vor«, sagte ich. »Jemand schenkt dir 1000 Euro unter der Bedingung, dass du mir was abgibst und ich deinen Vorschlag akzeptiere. Ich weiß von der Bedingung. Wie viel bietest du mir an?« Daraufhin mein Kollege spontan: »Einen Euro.« Und ich genauso spontan: »Den würde ich nicht nehmen.«

Mein Kollege verstand nicht, dass in meiner Sichtweise nicht er allein, sondern wir gemeinsam das Geld angeboten bekamen und ich (schon aus Gründen des Selbstrespekts) eine faire Aufteilung von ihm erwartet hätte. Über mein Gerechtigkeitsempfinden hinaus (läppische 0,1 Prozent der Gesamtsumme!) war es auch eine Frage des Betrags. Ein Euro verschwindet in den Unwägbarkeiten meines Alltagslebens wie die Münze, die ich statt Silwa zufällig auf dem Gehweg finde. Zehn Euro machen so gut wie nichts, bei 100 oder 1000 hätte ich mich als charakterfest betrachtet, wenn meinem Kollegen entsprechend 100 000 oder eine Million angeboten worden wären. Was ist bei einer Million, wenn mein Freund eine Milliarde bekommt? Irgendwann würde ich mich einen Idioten nennen.

Grundlage solcher Gedankenexperimente ist die philosophische Idee des Menschen als **Homo oeconomicus**. Wirtschaftswissenschaftler sprechen auch von einem rationalen Agenten oder dem Nutzenmaximierer. Die Philosophie hinter den Bezeichnungen ist immer dieselbe. Man sieht den Menschen als jemanden, der sich rational für seinen größtmöglichen Vorteil entscheidet. Der drückt sich in Geld aus, so der gedankliche Ansatz vor etlichen Jahrzehnten. Allerdings hat dieser Denkansatz auch einen Vorteil für Ökonomen. Rechenkünste der Grundschule reichen, um ein Mehr von einem Weniger zu unterscheiden.

So betrachtet war meine Ablehnung unvernünftig irrational. Mein Kollege war ehrlich betroffen: »Warum? Du hättest einen Euro gewonnen!« Darauf, ihm an einem Beispiel zu erklären, wie tückisch diese Logik sein kann, kam ich damals nicht. Sie kann dem Argument nichts entgegensetzen, das Sexarbeiterinnen in den siebziger Jahren zur Anerkennung ihres Berufs vorbrachten: »Was eine Hausfrau für ihren Lebensunterhalt mit nur einem Mann macht, machen wir mit vielen.«

Aus der Frage der Nutzenmaximierung (eigentlich »Vorteilsnahme«, aber nicht im juristischen Sinn) hatte sich etwa Mitte des 20. Jahrhunderts ein mathematischer Zweig namens **Spieltheorie** entwickelt. Diese Theorie kalkuliert anhand von Modellszenarien den größtmöglichen Gewinn für einzelne oder alle Beteiligten. Manche dieser Szenarien werden heute in Laboren nachgestellt. Die Spieltheorie hat aus der Ökonomie eine Experimentalwissenschaft gemacht.

Erste Versuche führten nur selten zu den erwarteten Resultaten. Die Spieltheorie reduzierte damals nicht nur den Vorteil eines Menschen auf einen Geldbetrag, sondern auch das Geld selbst auf seine Funktion als universelles Tauschmittel. Aber mir stellte sich (anders als meinem Kollegen) nicht die Frage, ob es besser sei, einen Euro zu haben oder nicht zu haben. Vielmehr fragte ich mich, ob es sich lohne, für diesen einen Euro ein angeschlagenes Selbstbild kitten zu müssen.

Etwas anders sieht es aus, wenn nicht einzelne Menschen, sondern Unternehmen und Organisationen wirtschaftlich (spieltheoretisch) handeln. Solche juristischen Personen agieren als rationale Agenten und Nutzenmaximierer mit dem eindeutigen Vorteil »Geld«. Geld in all seinen Facetten (nicht nur mit seinen Tauscheigenschaften: »Was kann man damit kaufen?«) ist das universelle Ziel jedes wirtschaftlichen Handelns. Die Höhe der erwirtschafteten Beträge, der Kontostand der Organisation oder des Unternehmens, ist direkter und nahezu alleiniger Maßstab des wirtschaftlichen Erfolgs.

Weil das Geld in seinem vollen Bedeutungsumfang wirkt, stellt es auch einen rein kalkulatorischen Wertmaßstab dar. Meine Wohnung würde ich vielleicht zum geschätzten Preis verkaufen können, wenn ich denn wollte. Weil ich aber nicht wollte, war ihr Wert für mich von rein akademischem Interesse. Unternehmen und Organisationen legen jedoch den Wertmaßstab Geld rechnerisch auch an solche Dinge und Sachverhalte an (»Ist wurscht, ob man sie kaufen kann oder nicht«), die eigentlich außerhalb jeder wirtschaftlichen Betrachtung stehen sollten. Aus solchen Wertschätzungen entwickeln sie jedoch Handlungsanweisungen, die konkrete Folgen für Menschen haben. Ein Beispiel? Das menschliche Leben selbst. Was ist mein Leben wert? Also meines, ganz persönlich?

Der Geldwert des menschlichen Lebens

Ende der sechziger Jahre saß der Autobauer Ford in der Klemme. Da war die Konkurrenz mit ihren Kleinwagen aus Europa und Japan, die ihm immer größere Anteile vom Heimatmarkt USA abknabberte. Also entschloss sich Henry Ford II, einen eigenen Kleinwagen zu entwickeln. Er sollte weniger als 2000 US-Dollar kosten und vor allem: Er sollte schnell auf den Markt kommen. In knapp zwei Jahren war der Ford Pinto bis zur Produktionsreife entwickelt.

Der Kleinwagen hatte einen Nachteil. Noch bevor die ersten Autos 1970 vom Band rollten, erzählt das Magazin *Mother Jones*, hatten Crashtests gezeigt, dass schon ein leichter Auffahrunfall das Auto in einen Feuerball verwandeln konnte. Der Benzintank saß an der falschen Stelle und war zudem aus einem Material gefertigt, das leicht Risse bekam. Aber die Produktionsstraßen waren schon eingerichtet. Was sollte man machen? Umkonstruieren? Oder doch schon produzieren und dann die jährlich zwischen knapp 200 000 und über 500 000 geplanten Autos in die Werkstatt zurückrufen? Das hätte nicht nur elf US-Dollar pro Auto gekostet, sondern auch einen enormen Reputationsverlust bedeutet. Dabei klang der Werbespruch zum Auto zuerst überhaupt nicht zynisch: »Pinto leaves you with that warm feeling« – der Pinto hinterlässt ein Gefühl der Wärme.

Ford entschied sich für eine dritte Möglichkeit. Man tat – gar nichts. Stattdessen wurde eine untergeordnete Behörde des Verkehrsministeriums aktiv, das »Department of Transportation, National Highway Traffic Safety Administration, Planning and Evaluation«. Dort trug man Daten zusammen. Wie produktiv ist ein Durchschnittsamerikaner? Wie viel US-Dollar kostet ein Unfall, welche Gesundheitskosten kommen auf ein durchschnittliches Opfer zu. Dann addierte man (gefühlt) tausend andere Faktoren und teilte sie anschließend durch diese oder jene Zahl. Anschließend spitzte man die Bleistifte und kalkulierte. Das Leben eines Durchschnittsamerikaners hatte 1972 exakt den Wert von 200 725 US-Dollar.

Solche Rechnungen gibt es auch in Deutschland, allerdings mit anderem Ergebnis. Laut Bundesanstalt für Straßenwesen kostet das Leben des Opfers eines tödlichen Unfalls 2022 Pi mal Daumen 1,25 Millionen Euro. Mit 600 000 Euro haben daran diejenigen Kosten den größten Anteil, die anfallen, weil das Unfallopfer nicht mehr arbeiten kann (»Ressourcenausfallkosten« – und hier entfaltet das Unwort des Jahres 2004 seine volle Bedeutung: »Humankapital«). Auch das Umweltbundesamt berechnet den monetären Wert des menschlichen Lebens (mein persönliches wie das jedes anderen) allerdings nach einer anderen Methode. Es fragt, wie viel Geld ein Mensch ausgeben würde, um in einer Gruppe von 10 000 Menschen selbst dem Zufallstod zu entgehen oder (es kann jeden treffen) jemand anderen zu retten. Die Gesamtsumme des Geldes ergibt den Wert eines statistischen Lebens (desjenigen Menschen, der in diesem Gedankenspiel ums Leben kommt) und liegt in Deutschland bei etwa einer Million Euro, in der Schweiz zwischen zwei und zehn Millionen Franken.

Wie seinem eigenen und dem Leben eines (unbekannten, namenlosen) Menschen kann man vielen verschiedenen Dingen und Sachverhalten Geldwerte zuschreiben, die man gemeinhin nicht unter wirtschaftlichen Gesichtspunkten betrachtet. Im Kampf um die Anerkennung von Care-Arbeit innerhalb von Familien rechnete man solche Tätigkeit in Stundenlöhne für Arbeiten wie Erziehung, Putzen, Hauswirtschaften und andere Tätigkeiten um. Den Wert von Kindern berechnete ich für mein Hörfunk-Feature *Die Macht des Geldes* (SWR 2021) anhand der Düsseldorfer Tabelle für den Scheidungsfall sowie der einschlägigen Steuergesetze. Aus anderen Regeln lassen sich die Werte der Atmosphäre und des Klimas ermitteln. Werte von Landschaften, Flüssen und Seen sollten nicht allzu schwer zu berechnen sein. Selbst die Werte von Sozialverhalten, politischer Freiheit und Demokratie sollten kalkulierbar sein.

Solche Rechnungen haben Folgen, insbesondere für Menschenleben. Beispielsweise geht in der Schweiz der monetäre Wert eines statistischen Menschenlebens unter der Bezeichnung »Grenzkosten« immer stärker in verwaltungstechnische Überlegungen ein. Im Auftrag verschiedener Schweizer Fachbehörden schrieb die Matrisk GmbH im Risikokonzept »Grenzkosten als Festsetzung im Rahmen von Nutzen-Kosten-Analysen für Sicherheitsmaßnahmen« 2016: »Der Grenzkostenansatz ist ein Akzeptanzkriterium, welches [...] sicherstellt, dass ein ausreichendes Sicherheitsniveau erreicht wird.« Übersetzt: Sollten technische Sicherungsmaßnahmen teurer sein als die monetären Werte der durch eine Katastrophe zu erwartenden Opfer, lohnen sie sich nicht.

Während man in der Schweiz noch überlegt, inwieweit der monetäre Wert des menschlichen Lebens beispielsweise in Planungen zur Verkehrssicherheit einfließen sollte, sind in den USA solche Kalkulationen für jede Ampelanlage üblich. Dort »gibt es eine Regierungsverordnung, die besagt, dass bei allen Entscheidungen, die das Gesundheits- und Sterberisiko von US-Bürgern betreffen, Kosten-Nutzen-Rechnungen erstellt werden müssen«, sagte der Buchautor Jörn Klare nach einer Recherche zum Thema 2010 in einem Interview dem *Spiegel*.

Die Wissenschaft, die sich mit ganz besonderen Nutzen-Kosten-Betrachtungen hinsichtlich der Gesundheits- und Sterberisiken befasst, ist die Gesundheitsökonomie. In Großbritannien und den USA findet sich der Wert eines Menschenlebens in deren Kalkulationen wieder. Im Gesundheitswesen ist es heute Standard, die Effektivität von Behandlungen schwerer Erkrankungen nicht nur in den Jahren zu bemessen, die ein statistischer Patient überlebt, sondern auch, in welchem Zustand er dieses Leben verbringt. So kann man beispielsweise die operative Behandlung eines Prostatakrebses (vielleicht längeres Überleben mit eingeschränkter Sexualität) gegen andere Methoden (kürzeres Überleben mit voll funktionsfähiger Sexualität) abwägen. Weist man solch einem qualitätskorrigierten Lebensjahr einen monetären Geldwert zu, hat man einen Richtwert, welche Behandlungskosten sich rechnen und welche übers Maß hinausschießen.

Kein Wunder also, dass auch der Autobauer Ford mit dem vom Verkehrsministerium ermittelten Wert des menschlichen Lebens weiterrechnete. Welchen Wert haben 185 aufgrund des Konstruktionsfehlers prognostizierte Tote? (In Wirklichkeit wurden es laut *Mother Jones* über 500 Tote.) Wie viele US-Dollar kann man für die Schwerverletzten rechnen? Mag sein, dass sich aus dem damaligen Zeitgeist von Vietnamkrieg und Napalmbomben ein besonderes Verhältnis zu verbrennenden Menschen entwickelte. Jedenfalls kam Ford zum Ergebnis (und überzeugte auch die zuständigen Stellen), dass es betriebswirtschaftlich preisgünstiger sei, das Auto zu belassen, wie es die Konstrukteure auf die Straße schicken wollten, statt die Produktreihe nachzubessern.

Noch vor wenigen Jahrzehnten, also bevor man den monetären Wert von allem und jedem berechnete, sah die Welt etwas anders aus. Zwar war damals der Staat (wie heute) für die Erhaltung und Pflege öffentlicher Güter zuständig. Dazu zählten (ebenfalls wie heute) die innere und äußere Sicherheit, Bildung, Gesundheit und so weiter. Aber anders als zum Beispiel in Österreich hatte man in Deutschland vergessen zu definieren, was man genau zum »öffentlichen Gut« zählte. Deshalb sagten die einen, die Kommunikationsinfrastruktur wie Telefon, Brief und Geldverkehr ins Ausland oder die schienengebundene Mobilität sei ein öffentliches Gut. Andere sprachen von Staatsvermögen, also den wirtschaftlichen Werten im Staatsbesitz.

Die Geschichte endet, als sich in den siebziger Jahren des 20. Jahrhunderts Wirtschaftswissenschaftler im fernen Chicago zu Wort meldeten. Sie glaubten an ihr großes Vorbild Adam Smith, der im 18. Jahrhundert die These proklamierte, dass, wenn nur jeder sein eigenes Wohl maximiere, also den wirtschaftlichen Egoismus auf die Spitze triebe, sich automatisch das Wohl aller ergeben würde. Dieses Konzept könnte aufgehen. Aber nur, wenn alle Menschen die gleichen wirtschaftlichen Möglichkeiten hätten. Die haben sie aber nicht. Schon deshalb ist dieser Ansatz Unsinn.

Als die Chicagoer Ideen über Großbritannien unter Margaret Thatcher nach Deutschland schwappten, nannte man das Land den »kranken Mann Europas«. Industriezweige wie Textil und Pharma waren in Billiglohnländer abgewandert. Man sprach viel vom Umbau eines Industriestandorts zu einer Dienstleistungsgesellschaft, und der Staat, der sich – anders als zu Beginn des nächsten Jahrtausends – unter anderem noch aus Unternehmenssteuern finanzierte, war klamm an Geld. Statt jedoch Kredite aufzunehmen und den angeschlagenen Ruf als Sicherheit zu hinterlegen, lief man zielstrebig in die Chicagoer Sackgasse. Der Staat verkaufte seinen Besitz. Man »privatisierte«, wie man es nannte. Unter anderem neu in Deutschland zugelassene Fonds, Hedgefonds, gingen auf Einkaufstour. Der unverkäufliche Rest wie die Aktien der aus der Bundespost entstandenen Telekom wurde direkt an die Bevölkerung verscherbelt.

War die Situation ähnlich wie all die schönen Geschichten, mit denen Wirtschaftswissenschaftler das Thema »Geld als universales Tauschmittel« untermalen? »Findet die kleine Silwa auf ihrem Heimweg einen Euro und kauft davon eine Tüte Weingummi.« Oder: »Kauft sich ein verhinderter Romancier von seinem Erbe eine Wohnung in Marseille.« Hier: »Kommt der Staat, gründet Aktiengesellschaften von Post, Bahn und Telekom und verkauft den Leuten genau das, was sie einst mit Steuergeldern sowieso bezahlt hatten, noch einmal als Aktie, deren Kurse dann ins Bodenlose fallen.«

Seitdem haben sich die Situationen vervielfacht, in denen man im Alltag in eine Situation gerät, in der es heißt: »Wollnse's ham oder nich? Kostet aber.« Was kaum auffällt, ist, dass dieser Tausch häufig in eine Richtung verläuft. Entsprechend der ukrainischen Redensart »Das ist kein Problem, aber teuer« sieht man sich selbst als denjenigen, der Geld gibt, als Geldgeber. Kein Wunder. Knapp an Geld, schaut man genau, wofür man es ausgibt.

Tatsache ist, dass Tauschvorgänge zwei Seiten haben. Jemand gibt Geld, jemand gibt Gegenwert. Wenn Geld jedoch der universelle Maßstab aller Dinge ist, der sogar den Wert des eigenen menschlichen Lebens bemisst (auch wenn man es nicht – legal – kaufen kann), ist es nur ein kleiner Schritt zu Geschäftsmodellen, ungehobene Schätze im Alltag des menschlichen Lebens zu entdecken und in Geld zu verwandeln. Auch wenn man manchmal nur Vorhandenes geldlich aufwertet, monetär auswertet, verteuert.

Zum Beispiel: Was sieht man, wenn man einen Menschen sieht? Das Wohnungsunternehmen Vonovia schaute nicht nur auf den Menschen als Mieter. Das Unternehmen entwickelte einen ganzheitlichen Blick. Was würde es einem Menschen wert sein, sich wohlzufühlen? Wie viel Euro würde man dafür bezahlen, dass man es im Winter zwar nicht angenehm, aber zumindest warm hat? Weil Vermieter große Gestaltungsspielräume haben, welche Unternehmen sie in Sachen Versorgung zu welchen Preisen engagieren, gründete Vonovia verschiedene Tochtergesellschaften für Winterdienst, Gartenpflege, Handwerk, Hausmeisterdienste und andere. Die Folge spürten beispielsweise Menschen in einer Wohnanlage in Neuried bei München, so der *Spiegel* 2018:

> Dort kletterten die allgemeinen Stromkosten um mehr als 40 Prozent, die Kosten für den Winterdienst verdreifachten sich. In einer anderen Wohnanlage in Dresden stiegen die Kosten für die Pflege der Außenanlagen um 70 Prozent. Ebenfalls in Dresden und auch in einer Hamburger Wohnanlage wurde der Winterdienst um 1900 Prozent teurer, die Kosten für den Hauswart erhöhten sich in drei Jahren um 135 Prozent. Auch in einer Wohnanlage in Witten war es der Winterdienst, der mehr als 70 Prozent teurer wurde. In der Magdeburger Helmholtzstraße stiegen die Müllgebühren für Vonovia-Mieter um 164 Prozent, die Wassergebühren

um fast 60 Prozent und die Kosten für Beleuchtung um 223 Prozent.

Was sieht man, wenn man einen kranken Menschen sieht? Jemand Hilfsbedürftiges? Oder eine Gelegenheit, wie die Unternehmensberatung PwC in ihrem *Transaktionsmonitor Gesundheitswesen* vom April 2019 schreibt:

> Wachsende und durch ein hohes Steueraufkommen gestützte Gesundheitsausgaben in Deutschland, fragmentierte Wettbewerbslandschaften mit weiterem Konsolidierungspotenzial und das anhaltend günstige Finanzierungsumfeld treiben Investitionen im deutschen Gesundheitswesen.

Zu Deutsch: Bislang schauen Krankenhäuser, Arztpraxen, Alten- und Pflegeheime zu sehr auf das Wohl der Menschen und zu wenig aufs Geld, auf die Rendite. Das macht sie wirtschaftlich schwach und anfällig für Investitionen. Die Chance, umfassende Konzerne im Gesundheitswesen zu bilden, ist groß wie nie. Da Deutschland einerseits Sozialstaat ist, andererseits die Gesundheit und das Wohlergehen der Alten und Kranken auch von Finanzinvestoren und deren Renditevorstellungen abhängen, haben diese Konzerne ein starkes Druckmittel (das Wohl eben dieser Kranken und Schwachen), ihr finanzielles Risiko (Investition plus der zu erzielenden Rendite) über Steuergelder abzusichern.

Die Folgen sieht man in den Geschäftsstraßen jeder größeren deutschen Stadt. Immer häufiger leuchtet Reklame für Praxisketten, beispielsweise von Augen- und Zahnärzten, Urologen und Hausärzten, in die private Investoren seit Anfang des Jahrhunderts ihr Geld gesteckt haben. Was bedeutet: Gerade wenn Menschen schwach und hilfsbedürftig sind, werden sie häufig mit einer Frage nach einer kostenpflichtigen Zusatzleistung wie Ultraschalluntersuchungen der Brust, Eierstöcke und der Halsschlagader und einer Früherkennung von grünem Star konfrontiert.

In ihrer Studie *Profite vor Patientenwohl – Private-Equity Beteiligungen an Arztpraxen in Deutschland* vom Mai 2023 kritisiert die Stiftung Finanzwende solche individuellen Gesundheitsleistungen (IGeL):

> Ein vermehrt finanzialisiertes Gesundheitssystem hat negative Auswirkungen auf die Qualität der medizinischen Versorgung. Die Ergebnisse unterschiedlicher Studien reichen von mehr medizinisch unnötigen Zusatzleistungen bis hin zu Untersuchungsleistungen, die aufgrund von geringer Rentabilität ausbleiben. Außerdem entstehen eklatante Interessenkonflikte, wenn Allgemein- und Fach-Mediziner*innen oder Pharmafirmen demselben Konzern angehören.

Die Konsequenzen sind schon seit 2012 bekannt. »Männer aus armutsgefährdeten Haushalten und solchen mit prekären Einkommen leben […] durchschnittlich fünf Jahre weniger als Männer aus wohlhabenden Haushalten«, schrieb das Deutsche Institut für Wirtschaftsforschung damals in ihrem 38. Wochenbericht.

Die überalterte Gesellschaft lädt geradezu ein, auch im Bereich der Pflege zu investieren. Über eine mögliche Folge in einem Heim der Unternehmensgruppe Domicil berichtete der *Spiegel* am 20. April 2024:

Eine Pflegerin hatte in dem Heim in Berlin-Lichtenberg mit mehr als 140 Bewohnern am Montagabend ihre Schicht beenden wollen, dann aber festgestellt, dass die folgende Nachtschicht nicht ausreichend mit qualifiziertem Personal besetzt ist. Sie erreichte die Bereitschaft und die Heimleitung nicht und rief dann in ihrer Not Polizei und Feuerwehr, die auch bald erschienen. Schließlich ließ sich die Leitung doch telefonisch erreichen, und es wurde Pflegepersonal geschickt.

Weil es in dieser Nacht zu einem Todesfall kam, ermittelte die Berliner Staatsanwaltschaft wegen des Verdachts auf fahrlässige Tötung.

Allgemeiner findet man das Problem privater renditeorientierter Investitionen in der Studie *Private-Equity-Investoren in der Pflege* der Stiftung Finanzwende beschrieben. Dort wird wiederum von einer US-amerikanischen Studie berichtet, nach der die Lebenserwartung in Pflegeheimen, die zu Investoren gehören, deutlich geringer ist als in anderen.

Mit solchen Daten im Hintergrund erscheinen die Ermittlungen der Berliner Staatsanwaltschaft als Einzelfall und vom vorausgegangenen Skandal getrieben. In der Regel kann man jedoch annehmen: Wenn ein Mensch einen anderen erschlägt, ersticht, erschießt oder vergiftet und dessen Portemonnaie klaut, gibt es einen Täter, das Motiv Habsucht und ein konkretes Opfer, das man namhaft machen kann. Deshalb liegt eine Straftat vor. Anders im Fall der Pflegeheime. Wenn Investoren die Gesundheit und Unversehrtheit von Menschen einer ganzen Bevölkerungsgruppe aus Renditegründen zum Wirtschaftsgut machen und deren Lebenserwartung daraufhin sinkt, liegt ohne Zweifel auch das Motiv Habsucht vor. Man kann ebenso davon ausgehen, dass irgendein Heimbewohner ursächlich an der verschlechterten Pflege verstarb. In der Regel kann man diesen Heimbewohner aber nicht namhaft machen. Es gibt kein Opfer mehr, weil der Zusammenhang nicht kausal, sondern statistisch ist. Schon aus diesem Grund liegt kein Mordfall vor.

Sofern die Studie über die geringere Lebenserwartung in privat finanzierten US-Pflegeheimen die Realität beschreibt, muss man sagen: Investoren nehmen für ihre Rendite billigend den früheren Tod von Menschen in Kauf. Geld, so die Logik dahinter, ist nicht nur ein universelles Wertaufbewahrungsinstrument. Als universeller Wertmaßstab ist es oft gewichtiger als soziale, moralische und ethische Maßstäbe. Und häufig sogar wichtiger als das menschliche Leben selbst.

Grenzen des Geldes

Privat lässt sich nicht alles gegen Geld aufrechnen. 2024 streikten beispielsweise Lokführer insgesamt sechsmal (plus zwei Warnstreiks vorab), damit sie (nach einer Übergangszeit) selbst entscheiden können, wie viel sie zwischen 35 und 40 Stunden die Woche arbeiten. Solche Arbeitszeitverkürzungen waren den Gewerkschaften seit Gründung der Bundesrepublik Deutschland oft genauso wichtig wie Lohnerhöhungen, also bares Geld. 1959 setzten sie die Fünftagewoche im Steinkohlebergbau durch (Versicherungen 1960, Banken 1961, Holzverarbeitung 1963, Druck 1969). Die 40-Stunden-Woche wurde 1967 in der Metallindustrie eingeführt (Bau 1969, Chemie, Papier, Textil 1970, Einzelhandel 1971, Versicherungen 1973, Banken, öffentlicher Dienst 1974, Landwirtschaft 1983). Seit 1995 gilt in der tarifgebundenen Metall- und Druckindustrie die 35-Stunden-Woche, 2024 zogen die Lokführer nach.

Obwohl Investoren, Gesundheitsökonomen, Verwaltungen und andere den Wert des menschlichen Lebens in Euro und Cent umrechnen, sind dem Einzelnen die Stunden seiner persönlichen Freizeit oft nicht mit Geld aufzuwiegen. Andersherum gibt man auch gern Zeit. Zwei von fünf Bundesbürgern über 14 Jahre engagieren sich ehrenamtlich, zumeist in Sportvereinen als Trainer, Zeug- und Platzwart. Aber auch in der Betreuung von Geflüchteten, in der Kommunalpolitik, im Katastrophenschutz und im Rettungswesen arbeiten viele allein für die Ehre. Die Anzahl der geleisteten Stunden ist zwar rückläufig, auch engagiert man sich nicht mehr so gern in verantwortungsvollen Positionen, finanziell jedoch besteht man aber bestenfalls auf eine Aufwandsentschädigung. Dieser bewusste Verzicht auf einen monetären Ausgleich der geleisteten Arbeit zeigt, dass Benjamin Franklin (1706–1790), der frühere Postmeister und spätere Präsident der USA irrte, als er sagte: »Zeit ist Geld.« Lebenszeit ist aber unbezahlbar.

Marseille

Eine Frage ist noch offen. Weshalb habe ich einen Essay über Geld statt eines Romans geschrieben? Die Natur kam dazwischen. 2018 kam es in Marseille zu starken Regenfällen. Ein Haus stürzte ein, allen Eigentümern (darunter ich) des gesamten Blocks bis zur nächsten Querstraße wurde für Jahre verboten, die Gebäude zu betreten und sie standsicher zu sanieren. Vermieten durfte ich selbstredend auch nicht. Trotzdem forderte die Stadt noch über Jahre hinweg verschiedene Grundsteuern für meine Wohnung, einmal sogar eine Steuer wegen Leerstands. Parallel dazu wurde ein Enteignungsverfahren gestartet. Natürlich klagte ich. Als unkundiger Ausländer ohne Rechtsschutzversicherung hatte ich allerdings keine Chance. Ich bekam eine Entschädigung. Obwohl sie ungefähr den Kaufpreis abdeckte, blieb ich auf den Kosten der Renovierung und denen der entgangenen Miete sitzen. Ein Kassensturz zeigte schließlich ein Minus von einem meiner Jahresgehälter. Aber ich hatte immerhin noch einen Euro in der Tasche. Für eine Tüte Weingummis würde er reichen. Aber die würde ich auf keinen Fall in Marseille kaufen.

Lektüretipps

Brodbeck, Karl-Heinz: Phänomenologie des Geldes. Zürich 2023.

Bundeszentrale für politische Bildung (Hrsg.): Schulden. Aus Politik und Zeitgeschichte 66 (2016), H. 1–2.

Cipolla, Carlo M.: Allegro ma non troppo – Die Rolle der Gewürze und die Prinzipien der menschlichen Dummheit. Aus dem Italienischen übersetzt von Moshe Kahn. Berlin 2022 (^{1}1989).

Cipolla, Carlo M.: Die Odyssee des spanischen Silbers. Conquistadores, Piraten, Kaufleute. Aus dem Italienischen übersetzt von Friederike Hausmann. Berlin 1998.

Eckardt, Dietrich: Was ist Geld? Strukturen, Möglichkeiten und Grenzen des Treibstoffs moderner Kreditgeldwirtschaften. Heidelberg 2023 (^{1}2013).

Graeber, David: Schulden. Die ersten 5000 Jahre. Aus dem Amerikanischen übersetzt von Ursel Schäfer, Hans Freundl und Stephan Gebauer. Stuttgart 2022 (^{1}2012).

North, Michael: Kleine Geschichte des Geldes. Vom Mittelalter bis heute. München 2009.

Peters, Susanne (Hrsg.): Geld. Interdisziplinäre Sichtweisen. Wiesbaden 2017.

Zarlenga, Stephen: Der Mythos vom Geld. Die Geschichte der Macht. Aus dem Amerikanischen übersetzt von Anette Holzwarth und Dagmar Brede. Zürich 2023.